기적의 손길

Touched by God's Miracles:
Modern Miracle Stories from Around the World

이 책을 나의 아내 닐다와
우리의 세 자녀 레이첼, 다니엘, 사라,
그리고 자신과 사랑하는 이들의 삶에서
하나님의 손길을 느끼고 있거나 앞으로 느끼게 될
모든 하나님의 자녀들에게 바칩니다.

추천의 말

"과학에 반하는 기적을 의심하는 사람도 데이비드 스톤의 놀라운 실화들에 빠져들 것이다."

톰 도널드슨

펜실베니아 주립대학교, 법학 및 경영윤리 교수

"전세계의 다양한 종교를 믿는 사람들의 삶에 작용하는 하나님의 손길을 보여주는 영감에 찬 이야기들"

리카르도 에른스트

조지타운 대학교, 글로벌 비즈니스 이니셔티브 책임교수

"우리 내면에 지니고 있는 감사와 공감하는 능력과 선한 마음을 멈추어 깨닫고 타인과 나누도록 만드는 이야기들이다."

에이미 마쓰오
One Simple Wish, 임원

"이 세상이 꿈꾸는 것보다 더 많은 일들이 기도로 인해 이루어진다"는 테니슨의 말은 참되다. 이 책은 그런 영감을 불러일으키는 이야기들을 통해 깊은 희망을 가져다준다."

산제이 듀브
Nelito Systems Limited 대표이사

목차

머리말

　이 책을 만드는 과정은 3년에 걸친 모험이었습니다. 전에 책을 써본 경험이 없는 나에게 이 작업은 생각보다 훨씬 큰 일이었습니다. 현대의 기적 이야기를 모아 책으로 엮어보라는 영감을 처음 느꼈을 때부터 모험이 시작되었습니다. 그 후로 나는 다양한 국적과 문화와 종교를 가진 사람들의 이야기를 모으기 위해 노력했습니다. 가장으로서 본업에 집중하면서 주말과 밤에는 시간을 내어 책을 만드는 작업을 했습니다. 하나의 이야기를 찾을 때마다 그 내용을 검토하고 저자와 함께 다듬었습니다.

　하나님께 드리는 감사와 더불어 이 책이 나오도록 도와준 많은 분들에게 감사를 표하고 싶습니다. 우선 이야기를 제공해준 한 분한 분에게 감사를 드립니다. 각각의 일화는 개인적인 이야기이며, 이야기의 제공자나 가족 및 친구에게 하나님께서 어떤 독특하고 신성한 방법으로 도움을 주셨는지 보여줍니다. 이야기를 제공해준 분들의 이름과 국적은 이 책의 뒷부분에 실려 있습니다.

다음은 제 아내 닐다, 어머니 카렌 스톤, 그리고 누이들인 알리시아와 글로리아가 보여준 지지와 격려에 감사하고, 원고를 검토해준 것에도 감사를 드립니다. 또 이웃인 샬린 워드롭에게도 감사를 표합니다. 은퇴한 교사인 샬린은 모든 이야기를 주의 깊게 검토하고 개선을 위한 제안을 해주었습니다. 또 다른 친구이자 이웃인 하이디 스펜서도 중요한 조언들을 해주었으며, 전 직장 동료인 히렌 샤, 처제인 마릴로 콘스탄티노, 친구인 데런 아이버슨에게도 같은 감사를 드립니다. 직장 동료로서 이 책의 탄생을 응원해준 마람 알리카즈, 제니퍼 에릭슨과 모히트 싱, 그리고 중요한 조언과 방향을 제시해준 톰 하드먼에게 감사합니다. 그리고 여러 이야기에 삽화를 그려준 브루스 핸슨("거너")에게도 감사합니다. 그의 창의력과 지지에 감사하며, 여러분이 그의 삽화를 즐겨 보시기를 바랍니다.

또한 감사를 드릴 분들은 이 책을 지지해주신 여러 지도자들입니다. 먼저 두 분의 훌륭한 교수님들, 펜실베니아 주립대학의 톰 도널드슨 박사님과 조지타운 대학의 리카르도 에른스트 박사님이 계십니다. 두 분은 모두 제 삶에 큰 영향을 미치셨고 저의 신앙을 강화시켜 주셨습니다. 또한 강한 영성으로 귀감이 되어주는 전직 NFL 미식축구 선수인 브라이언 켈에게 감사를 드립니다. 다음으로 감사를 표할 분은 전 동료이며 One Simple Wish의 이사인 에

이미 마쓰오입니다. 에이미의 활력과 통찰과 연민은 저에게 실질적인 모범이 되어주었습니다. 대학 친구이며 현재 뭄바이에 위치한 Nelito Systems의 대표이사인 산제이 듀브에게도 감사를 표합니다. 마지막으로 출판 담당자인 제이콥 핸슨에게 감사합니다. 제이콥의 긍정적인 에너지와 열정과 기술적 조언 덕분에 이 책을 여러분에게 선보일 수 있었습니다.

처음부터 나는 이 책을 통해 조금이라도 수익이 생긴다면 상당 부분을 이 책의 이야기를 제공해준 분들이 사는 지역의 자선단체에 전달하겠다고 결심했습니다. 따라서 수입의 20%는 전세계의 자선단체에 기부할 것입니다. 나는 여러분이 이 안에 담긴 오늘날의 기적 이야기들을 즐겨 읽으시길 소망합니다. 이 이야기들은 모두 진실하며, 우리 시대에 기적은 전 세계에 걸쳐 남자와 여자와 어린이들에게 일어나고 있습니다. 나는 하나님께서 여러분을 아시고, 사랑하시며, 도울 준비가 되어 계심을 확실히 말씀드립니다.

소개

    우리 모두는 종종 삶의 힘겨운 순간을 경험합니다. 곤경에 처한 우리가 혼자라고 느낄지라도 실은 우리를 돕고 싶어하고 응원하고 있는 많은 이들, 즉 함께 세상을 사는 친구들과 가족들, 그리고 우리의 조상들과 하나님의 천사들이 우리를 둘러싸고 있습니다.

    여러 해를 살면서 나는 하나님께서 우리가 생각하는 것보다 가까이 계시다는 것을 알게 되었습니다. 자라면서 내가 생각한 하나님은 신비롭고 영적인 존재이며, 전지전능하고 우주와 그 안의 모든 것을 창조한 분이었지만, 동시에 다가갈 수 없는 먼 분이었습니다. 사실 하나님이 나뿐 아니라 어느 누구라도 개인적으로 알고 마음을 쓴다고는 상상하기 힘들었습니다. 하나님이 정말로 우리 개개인을 알고, 아끼고, 사랑하시는 것이 마치 부모가 자녀를 아끼고 사랑하는 것과 같다는 사실을 깨닫는 것은 놀라운 발견이었습니다. 성경에는 내가 좋아하는 이런 구절이 있습니다. "하나님이 자기를 사랑하는 자들을 위하여 예비하신 모든 것은 눈으로 보지 못하고 귀로 듣지 못하고 사람의 마음으로 생각하지도 못하였다"[1] 또 다른 구절은 이렇습니다. "내가 확신하노니 사망이나 생명이나 천사들이나 권세자들이나 현재 일이나 장래 일이나 능력이나 높음이나 깊음이나 다른 어떤 피조물이라도 우리를 우리 주 그리스도 예수 안에 있는 하나님의 사랑에서 끊을 수 없으리라."[2]

어린시절 세실 B. 드밀 감독의 영화 "십계"에서 홍해가 갈라지는 장면을 보며 놀라고 하나님이 정말로 바다를 가를 힘이 있는지 궁금해하던 기억이 있습니다. 놀라운 것은 하나님이 정말 그러한 권능을 가지고 계시고, 나아가 그분의 자녀들을 사랑하신다는 사실입니다. 그분은 애굽인이든 유대인이든, 지상의 모든 나라의 모든 남자와 여자와 어린이를 사랑하시며, 그 이유는 우리가 그분의 자녀이기 때문입니다.

이 책의 의도는 하나님께서 우리의 삶에 일으키시는 놀라운 기적을 나누는 것입니다. 이 책에는 전 세계에 사는 남녀노소가 경험한 현대의 기적 이야기가 서른 가지 이상 담겨있습니다. 이들은 서로 다른 종교를 가지고 있지만, 공통적으로 하나님께서 그들의 삶에 어떤 놀라운 개입을 하시고, 그들의 신앙과 가족을 강화하시

---

1   고린도전서 2:9, 흠정역 성경
2   로마서 8:38~39, 흠정역 성경

기적의 손길

고, 위험에서 그들을 구하시고, 시련의 시기에 도움을 주셨는지 설명합니다. 어떤 이야기에는 천사를 보거나 죽은 자들과 소통한 경험이 나옵니다. 우리가 배우게 되는 놀라운 사실은 우리의 필멸의 몸이 죽은 후에도 우리의 영은 계속 살아간다는 점입니다. 우리 조상들은 영의 상태에서 우리를 응원하고 있습니다. 그들은 우리를 사랑하고, 우리를 돕고 용기를 북돋기를 간절히 원합니다.

나는 옥스포드 사전에 나오는 기적에 관한 정의를 좋아합니다. "놀랍고 반가운 사건으로 자연적 법칙이나 과학 법칙으로 설명할 수 없으며 따라서 신의 섭리로 이루어졌다고 여겨지는 일." 이 책에 나오는 일부 기적은 신성한 보호 또는 치유에 관한 이야기입니다. 다른 기적들은 하나님의 영의 조용한 속삭임을 따르거나, 천사들과 소통하거나, 우리와 우리 주변 사람들의 삶에 하나님의 손길이 임하시는 것을 목격한 이야기입니다.

각각의 기적 이야기는 하나님의 자녀 중 한 사람의 실제 경험담입니다. 이런 이야기들을 모으기 위한 노력은 3년 전 좋은 친구와 점심식사를 함께 하던 중에 시작되었습니다. 우리는 하나님께서 우리의 삶에 개입하시는 놀라운 방법, 예를 들면 돌아가신 조상들이 그들의 사랑하는 후손들과 소통하거나 방문하는 경우에 관해 이야기했습니다. 식사를 하는 동안, 그리고 그 후로 여러 날에 걸쳐 나는 현대의 기적 이야기들을 다른 이들과 나누라는, 하나님이 주시는 분명한 영감을 느꼈습니다. 그런 이야기를 통해 어려움과 시련을 겪는 사람들이 용기를 얻고 신앙을 강화하도록 도우라는 느낌이었습니다. 나는 내가 아는 사람들, 친구와 이웃들, 가족, 직장 동료들에게서 이야기를 모으기 시작했습니다. 어떤 이들은 하나님을 믿었고 자신의 이야기를 기꺼이 나누고자 한 반면, 어떤 이들은 자기 이야기를 개인적으로 간직하기를 선호했습니다. 또 다른 이들은 나의 노력을 지지하면서도 솔직하게 그들이 하나님이나 기적을 믿지 않는다고 말해주었습니다. 친구나 동료가 이야기를 나눠주는 경우는 그들이 살면서 직접 한 경험이거나 가까운 친구나 가족의 삶에 일어난 일이었습니다. 이런 이야기들을 모으는 일은 경이롭고 신앙을 키우는 경험이었습니다. 모든 이야기들은 하나님 아버지께서 그분의 자녀들을 사랑하시고, 그들을 돕고 소통하기를 바라신다는 사실을 증거합니다.

이렇게 질문할 사람도 있을지 모릅니다. "당신은 무슨 자격으로 전 세계 사람들로부터 기적 이야기를 모아서 책을 내는 건가요?" 제가 할 수 있는 유일한 대답, 이런 이야기들을 모아서 책을 쓰라는 하나님께서 주시는 영감을 제가 느꼈기 때문입니다. 기억이 닿는 한 나는 늘 여러 다른 민족과 문화를 사랑했습니다. 내가 자란 뉴욕시는 수많은 민족과 종교, 예를 들면 기독교, 유대교, 이슬람교, 힌두교, 불교와 그 외의 신앙을 가진 사람들로 가득했으니다. 서로 다른 종교와 문화를 가진 친구들이 있었고, 나는 그들의 신앙을 배우는 것이 좋았습니다. 어린시절 우리 가족은 유대교와 기독교 전통을 모두 지니고 있었습니다. 증조할머니와 증조할아버지들은 모두 유럽에서 이민 온 분들이었습니다.

교육을 받으면서도 나는 다양한 신앙에 관해 배웠습니다. 예를 들면, 나는 성요한 대성당의 유치원에서 기독교 신앙에 관해 더 배웠고, 가정에서 유월절을 비롯한 명절을 축하하며 유대교를 배웠습니다. 뉴욕시의 공립학교를 다니면서 세계의 다른 여러 종교에 관해서도 알게 되었습니다. 알바니에 있는 뉴욕 주립대학교에 진학하고, 또 워싱턴DC의 조지타운 대학교에 다니면서 세계의 주요 지역, 예를 들면 힌두, 불교, 이슬람 권역의 주민, 문화, 종교, 그리고 경제구조를 공부했습니다.

대학을 졸업한 후, 나는 학업과 일을 위해 벨기에, 프랑스, 그리고 영국에서 지냈습니다. 해외에 머무는 동안 예수 그리스도 후기 성도 교회를 알게 되었고, 후에 교회에 가입했습니다. 그 후로 나는 교회에서 감독을 비롯해 다양한 직책을 맡아 봉사했습니다. 나는 계속해서 신앙을 발전시켰고, 다른 이들에게 그들의 신앙을 추구할 것을 격려했습니다. 시간이 흐르며 내가 배운 한가지는 우리가 모두 하나님의 자녀이며, 우리 하나님 아버지께서는 우리 각자를 우리보다 더 잘 알고 계신다는 점입니다. 우리를 향한 그분의 사랑은 한계가 없고, 우리의 상상을 초월합니다.

나의 소망은 이 기적 이야기들이 하나님을 믿는 당신의 신앙과 믿음을 강하게 만드는 것입니다. 하나님은 당신을 사랑하고 아끼시며, 여러분은 그분께 기도를 드릴 수 있고, 그분은 여러분의 말을 들으십니다. 이 이야기들은 북미와 남미, 유럽, 아시아, 아프리카 및 중동의 사람들에게서 왔습니다. 이 중에는 결혼한 사람도 독신인 사람도 있습니다. 각각의 이야기는 하나님께서 기도에 응답하셨거나 필요한 순간에 도움을 주신 개인적인 경험담입니다. 또한 각 이야기는 공통된 주제가 있습니다. 바로 자녀들을 향한 하나님의 무한한 사랑과 도움을 주시려는 마음입니다.

이런 질문을 할 수도 있습니다. "왜 하나님은 내 기도는 안 들으시고 나의 간청엔 응답하지 않으셨나요?" 타당한 질문입니다. 나는 하나님께서 우리가 드리는 모든 기도를 들으신다는 것을 압니다. 또한 우리에 대한 그분의 사랑이 실재함을 압니다. 또한 하나님께서 그분의 자녀들에게 스스로 선택하고 행동할 자유를 주셨음을 압니다. 때로 우리의 선택과 행동이나 타인의 선택과 행동이 우리에게나 타인에게 해로울 수도 있습니다. 그러나 여전히 하나님은 우리를 너무나 사랑하시므로 스스로 선택하고 행동할 자유를 빼앗지 않으십니다.

생각해볼 또 다른 점은 우리의 시야와 지혜는 하나님의 시야와

기적의 손길

지혜와 다르다는 사실입니다. 우리는 종종 인생을 당장 코앞에 닥친 필요나 욕망을 통해 바라보며, 하나님의 시야와 목적과 시간을 온전히 이해하지 못합니다. 나의 아버지는 내가 네 살 때 돌아가셨고, 어머니는 어린 세 아이와 함께 남겨졌습니다. (두 누이는 여섯 살과 두 살이었습니다.) 우리 모두에게 고통스러운 시간이었습니다. 그럼에도, 나는 하나님께서 우리를, 어머니와 누이들과 아버지와 나를, 끊임없이 사랑하셨음을 압니다. 우리가 늘 하나님의 시간표를 이해하지 못하더라도, 우리는 그분을 신뢰하고 그분의 사랑을 신뢰할 수 있습니다. 그분의 약속은 확실합니다. 그분은 우리를 절대 떠나지 않으실 겁니다. 하지만 때로 우리는 자신의 생각과 행동을 통해 그분을 떠납니다.

나는 세상에 수많은 종교가 있고, 하나님이 누구이고 어떤 존재인지에 대해 다양한 견해와 해석이 있음을 압니다. 나는 각 개인의 믿음을 존중하며, 이 책의 이야기가 저자인 내가 아니라 경험한 사람 자신의 종교관을 반영하도록 의식적으로 노력했습니다. 하나님에 대한 나 자신의 시각은 이 책의 소개와 결론 부분, 그리고 내가 경험한 몇 가지 기적 이야기에서 밝혔습니다. 나는 하나님께서 우리의 영의 아버지시라고 믿으며, 따라서 하나님을 하나님 아버지라고 부릅니다. 이러한 믿음은 지상에 사는 모든 남자와 여자를 나의 형제와 자매로 보도록 해줍니다. 나는 우리 모두가 하나님의 자녀라고 믿기 때문입니다.

　여러분이 하나님에 관해 무엇을 믿고 믿지 않던 간에, 이 이야기들을 통해 자신이 설명할 수 없는 도움을 받았던 때의 기억을 되살리고 신앙이 깨어나는 기회를 갖기를 소망합니다. 또한 당신을 사랑하시고 당신의 기도를 들으시며 기꺼이 돕고자 하시는 하나님을 믿는 당신의 신앙을 기억하고, 그 신앙을 키울 수 있기를 소망합니다. 나는 당신이 이 책을 통해 기쁨을 얻기를 바랍니다. 나의 인생에서 경험한 몇 가지 기적 이야기로 시작하겠습니다.

— 1장 —

내가 경험한 기적

나는 인생에서 많은 기적을 경험할 수 있었음에 감사합니다. 이
장에는 그 중 네 가지 이야기가 실려 있고, 나머지 하나의 이야기
는 책의 후반부에 나옵니다. 이 네 가지 기적은 거의 30년 이상의
기간에 걸쳐 일어났습니다. 첫 번째 이야기는 델라웨어강에 갔던
열 두 살 때의 일이고, 두 번째 이야기는 시간이 흐른 후 내가 뉴
욕 주 웨스트체스터 카운티에 살던 때의 일입니다. 그 다음 이야
기는 아내와 자녀들과 함께 버지니아 북부에 살 당시에 일어났
고, 마지막으로 네 번째는 메릴랜드 주 캔싱턴에서 하나님의 성
전 안에 있을 때 경험한 일입니다.

강에서 구조되다

나를 보호하시는 하나님의 권능을 처음 느낀 것은 열 두 살 때였다. 나는 델라웨어 강으로 3일간의 카누 여행을 떠나 있었다. 뉴욕 주 포트 저비스에서 북서쪽으로 약 80km 떨어진 곳이었다. 그해 여름 이미 한번 뉴욕 주 북부의 애디런백 호수에서 카누 여행을 잘 마친 후였다. 호수에서 나는 바우맨(카누의 앞자리에 앉은 사람)이었고, 카누가 앞으로 나아가도록 노를 젓는 것이 내 임무였다. 내가 바우맨 역할을 잘 했기 때문에 선생님들은 내가 카누의 뒷자리에 앉아서 급류 속에서 방향을 잡는 일을 맡을 준비가 되었다고 생각했다.

여행을 시작한 첫날 우리는 "위험" 표시가 붙은 다리를 지났다. 델라웨어 강에서 내가 아는 유일한 급류 구간인 스키너 폭포에 다가가는 중이었다. 경고 표시뿐 아니라 급류로 인한 사망사고도 있었던 곳이었다. 선생님들은 우리에게 오른쪽 강둑에 카누를 대고 물에서 끌어낸 다음 강둑을 걸어 내려가며 카누를 몰고 급류를 통과할 코스를 미리 탐색하도록 했다. 다시 카누에 타고서 폭포를 향해 노를 젓는 동안 우리 카누는 물살을 못 이기고 옆으로 돌아

내가 경험한 기적

서 거꾸로 폭포를 향해 떠내려가기 시작했다. 위험한 순간이었고, 우리는 무서웠다. 우리 바로 앞의 바위들에 강물이 부딪혀 포말을 일으키고 있었다.

나와 앞에 앉은 친구는 뒤로 향한 카누를 제대로 돌리려고 안간힘을 썼지만 소용이 없었다. 우리가 처한 곤경이 얼마나 심각한지 우리도 잘 알고 있었다. 통제하지 못하는 카누는 바위에 부딪히기 십상이고, 우리는 바위에 충돌한 다음 익사하게 될 터였다. 폭포의 중앙에 도달 직전인 순간, 기적적으로 우리의 카누가 똑바로 앞을 향했고, 우리는 주변에 무수한 포말을 일으키며 거대한 두 바위 사이를 안전하게 통과해 나올 수 있었다. 친구와 나는 설명할 수 없는 방법으로 하나님께서 개입하셔서 우리를 구하셨다는 사실을 알았다. 그날 그 강가에는 천사들이 와서 우리를 지켜보고 있었다. 우리는 하나님께서 허락하신 그날의 기적과 우리를 보호해주신 그분의 친절을 절대 잊지 않았다.

광견병 걸린 개

여러 해가 지난 후, 나는 뉴욕 시의 북쪽 외곽인 웨스트체스터 카운티에 살고 있었다. 나무가 많은 아름다운 지역이었다. 나는 조용한 길로 산책을 나가서 자연이 주는 평온함을 느끼기를 좋아했다. 이웃에 사는 피트는 나에게 막대기나 등산 스틱 없이는 절대 혼자서 산책하지 말라고 조언해주었다. 웨스트체스터 근처에서 버려진 개들이 들개가 되어 광견병에 걸리기도 하고 때로 사람을 공격한다고 했다.

어느 이른 가을날, 해는 밝게 빛나고 나는 밖으로 나가서 걷고 싶은 마음이 간절했다. 산책을 시작하고 내가 전에 가본적 없는 길로 들어섰을 때, 저 앞에 40kg는 족히 넘어 보이는 큰 개가 천천히 내 쪽으로 걸어왔다. 그 순간 내가 등산 스틱을 가져오지 않았다는 사실이 떠올랐다. 주위를 둘러보았지만 다른 사람은 보이지 않았고, 두려움이 엄습했다. 개는 덩치가 크고 내 쪽으로 계속해서 다가오고 있었다. 광견병이 걸린 듯했고 위험해 보였다. 뒤돌아서 도망을 가면 나를 공격할지도 몰랐다. 내 두려움을 그녀석에게 보여서는 안 되었다. 계속 앞으로 나아가는 수밖에 없었다.

나는 기도하기 시작했고 하나님께 나를 보호해주시라고 간구했다. 이제 개는 6m 정도 앞에 있었다. 나는 계속해서 하나님께 간청하며 걷기를 계속했고, 순식간에 개는 내 바로 앞에 다다랐다. 털은 엉망이고 입에는 거품을 물고 있었다. 나는 계속해서 걸으며 기도했고, 개는 나를 지나쳤다. 나는 계속 앞을 보고 걸으며 기도했고, 동시에 개가 뒤를 돌아서 나를 공격하면 어쩌나 마음을 졸였다. 몇 분 후, 겁이 났지만 고개를 돌려서 뒤를 보았는데, 개는 사라지고 없었다. 하나님께서는 내 기도를 들으시고 나를 보호해주셨다! 또 한번, 나는 사랑이 많으신 하나님 아버지께서 우리의 기도를 들으시고 우리를 도와주심에 감사드렸고, 지금도 여전히 감사하다.

할아버지의 도움

시간이 흐르며 내가 목격한 놀라운 기적의 하나는 하나님께서 먼저 세상을 떠난 가족이나 친구가 우리에게 나타나거나, 다른 방법으로 우리와 소통하도록 해주시는 경우이다. 사람들과 많이 이야기를 해볼수록 그런 방문이 얼마나 보편적인지 알게 된다. 우리의 조상들은 우리 가까이에 계신다. 우리는 그분들을 볼 수 없지만(물론 일부 가능한 사람들도 있으나), 그들은 우리 가까이 계시고 우리를 간절히 돕고자 하신다.

웨스트체스터를 떠나고 오랜 시간이 지난 후, 나는 아내와 자녀들과 함께 워싱턴DC에서 가까운 버지니아 주 북부에 살고 있었다. 어느 날 밤, 우리 큰딸이 차를 몰고 외출을 했다. 시간은 늦었고, 딸아이는 길을 잃었다. 계속해서 운전을 했지만 위치를 파악할 수 없었다. 눈에 익은 풍경은 전혀 보이지 않았다. 날이 어두워지자 겁이 났다. 걱정이 점점 깊어지는 와중에 딸은 차 안에 누군가 같이 있는 것을 느꼈다. 자기 어깨에 놓인 손길을 느꼈고, 그로 인해 마음이 안정되었다. 딸은 나에게 40년 전 내 어린 시절에 돌아가신 내 아버지께서 그날 밤 차 안에 함께 있어 주셨다고 이야기했다.

　내 딸은 할아버지를 만나본 적이 없었지만 사진으로 알고 있었다. 아버지는 손녀와 이야기를 나누고 그 아이의 두려움을 잠재워 주셨다. 아이가 길을 찾는 것을 도와주시고 사라지셨다. 나는 우리를 향한 하나님의 큰 사랑에 놀라곤 한다. 그분은 우리 개개인을 사랑하시고, 우리의 가족을 염려하시고, 절대 우리를 잊지 않으신다. 그리고 때로 우리가 필요하다면 돌아가신 가족들이 우리에게 나타나 도움을 주도록 허락하신다.

하나님의 성전 안에서

나는 가족이 영원히 함께 할 수 있고, 부활한 후에 가족으로서 다시 만나게 될 것을 믿는다. 우리 교회에서는 거룩한 성전에서 받는 의식들이 내세에서 가족의 결속에 필수적이라고 믿는다. 성전은 하나님의 거룩한 집으로 성별된 장소이고 그리스도께서 고대 이스라엘에서 성역을 베푸셨던 성전을 본으로 하여 지어진다. 성전은 우리가 정규적으로 안식일 모임과 기타 활동을 위해 모이는 교회 건물과는 다르다.

여러 해 전 나는 워싱턴DC 성전에서 사촌인 게일을 위한 의식을 돕고 있었다. 게일은 어린 시절 안타까운 사고로 세상을 떠났다. 우리가 집행하는 의식은 게일이 부활할 때 자기 부모와 영원히 한 가족이 되도록 하는 것이었다.[3] 의식이 끝난 후 나는 귓가에 "나를 잊지 않아주어 고마워."라는 속삭임을 들었다. 나는 사촌 게일의 모습을 보지는 못했으나 그녀의 존재를 느꼈고 방 안에 함

---

3 나는 돌아가신 우리 가족들이 그들을 위해 성전에서 거행하는 대리 의식들을 알고 있으며 영의 세계에서 그러한 의식들을 받아들이거나 거절하는 선택을 할 수 있다고 믿는다.

께 있음을 알았다. 게일의 죽음은 비극이었지만, 나는 그녀의 영이 분명히 살아있고 평안을 누리고 있으며, 자기 가족과 함께 있고, 우리가 미래에 다시 만날 것임을 알았다.

기적의 손길

2장

도움을 청하는 기도

앞의 이야기들은 내 생애 동안 겪은 몇 가지 기적이었습니다. 이제 다른 이들의 기적 이야기를 소개하겠습니다. 지금부터 몇 개의 이야기는 기도에 응답을 받은 이야기입니다. 필리핀에서 시험과 관련된 도움을 구하는 대학생, 중국에서 무용수가 공연을 앞두고 드린 기도, 멀리 유럽에 있는 자녀를 위한 어머니의 기도, 결혼생활을 구하고자 하는 일본인 여성의 기도, 나이지리아에서 하나님의 도움을 구하는 기도, 그리고 플로리다에서 몇 차례의 태풍에 지쳐 도움을 청하는 기도 이야기입니다.

교실의 기적

필리핀 파세이 시 출신인 이본 알카라즈 영이
1970년대 초 대학생이던 당시에 경험한 기적을 이야기합니다.

나는 필리핀 리세움 대학교 3학년이었다. 여러 과목을 수강하며 시험을 준비하고 있었다. 스트레스가 심했지만 침착하고 평정을 유지하려고 최선을 다하고 있었다. 학기 중 어느 날에는 세 과목의 시험이 몰려 있었다. 법, 국제무역, 그리고 필리핀과 아시아의 외교사였다. 법과 국제무역은 복습을 여러 번 했지만 세 번째 시험을 준비할 시간은 부족했다. 큰일이었다. 낙제할 것이 분명하다는 생각에 속이 답답했다. 나는 하나님께 기도를 드리고 또 드렸다.

시간이 흐르며 앞의 두 과목 시험을 마치고, 세 번째 시험이 있을 교실로 들어갔다. 그런데 우리 교수님이 갑자기 이렇게 말씀했다. "여러분, 내가 지금껏 안 해본 실수를 했어요. 시험지 가져오는 것을 깜빡 했네요. 시험을 다음 목요일로 미루어야 하겠습니다. 정말 미안해요." 나는 믿을 수가 없었다! 내가 받은 축복이 너무 벅찬 것이어서, 나의 기도를 듣고 응답해주신 하나님께 눈물을 흘리며 감사드렸다. 다음 목요일이 되자 나는 훌륭한 점수로 시험에 통과했다. 하나님께 영광을.

공연은 예정대로

영국 런던 출신인 안젤라 니딕이 자신의 이야기를 들려줍니다.
이 기적은 2008년 중국 베이징에서 일어났습니다.

나는 브리검 영 대학교 볼룸댄스단 소속으로 세계를 다니며 공연하는 특권을 누렸다. 우리는 미국 단체 볼룸댄스 선수권대회에서 25년 연속 우승을 이룬 팀이었다.

우리 무용단과 함께 했던 가장 인상적인 경험 중에 2008년 베이징 올림픽에 앞서 열린 올림픽 문화 축제라는 국제 축하 공연에 초청을 받은 일이 있었다. 우리는 이번 공연을 특별히 고대하고 있었다. 쏟아지는 빗속에서 우리 팀의 투어 버스에서 내려 무대로 올라가던 일을 지금도 생생히 기억한다. 관중들은 이미 우산을 쓰거나 큰 차양막 아래서 우리를 기다리고 있었다. 나는 그들이 참 끔찍한 기분이겠다고 생각했다. 하지만 가까이 가보니 그들은 모두 행복해 보였고 신이 나 있었다!

버스에 탄 우리들 모두가 조용히 같은 생각을 하고 있었던 것 같다. 이렇게 비가 쏟아지는데 공연을 할 수는 있을까? 우리가 준비한 어려운 동작과 묘기는 젖고 미끄러운 무대 바닥에서 선보이기에 위험했다. 게다가 무대의상은 우리 학교에서 수천 불 이상을 들여 마련해준 것인데 비를 맞아 망가질 것이 뻔했다.

이 모든 생각이 머릿속을 어지럽히고 있던 순간, 단장님이 버스 앞쪽에 서서 이렇게 말했다. "안젤라, 비가 그치게 해주시라고 기도해 주겠어요?" 나는 최근에 우리 교회의 선교사로 봉사하다가 돌아왔고, 그동안 매일 기도했지만, 이 부담스런 부탁에 심장이 빠르게 뛰기 시작했다. "나에게 이 폭우를 그치게 할 신앙이 있을까?" 의심이 들었다. 그러나 내가 선교사이며 예수 그리스도의 대표자로서 목격했던 기적들을 떠올렸다. 선교사 동반자와 나는 비가 그치게 해주시라는 기도를 드린 적이 있었다. 늘 야외에서 침례 받는 것을 꿈꿨던 어느 자매님이 바람대로 야외에서 침례 받을 수 있도록 해주시라는 간구였다. 그날 우리의 기도는 응답 되었지만, 이번에도 그럴 수 있을까?

나는 버스 뒷좌석에서 일어나 고개를 숙이고 기도하기 시작했다. 나는 하나님께서 기도를 들으시고 응답하심을 진정으로 믿었다. 이번에도 우리는 거룩한 사명을 행하고 있으며 교회와 대학의 대표자였다. 그런데 내가 기도를 마치자 비는 더 거세게 쏟아졌다! 우리는 소품과 의상을 내리고 공연 준비를 시작했다. 모든 남학생은 커다란 나무판자로 무대 위의 빗물을 쓸어내야 했다.

　　　　　　　　　　　기적의 손길

나는 무대 뒤에 서서 남학생들이 부지런히 무대를 가로지르며 물을 걷어내는 모습을 바라보았다. 진정 우리의 신앙이 시험을 받는 순간이었다. 공연할 때가 되자 마침내 비가 그쳤다. 우연이었다고 말할 사람도 있을 것이다. 그러나 나는 하나님께서 진정으로 우리의 기도를 듣고 응답하신다는 사실을 안다. 늘 우리가 원하는 방식으로 기도에 답해주시지는 않는다. 사실 더 나아지기 전에 오히려 상황이 악화될 수도 있다. 하지만 성난 바다를 잠잠하게 하실 권능을 지닌 하나님께서는 분명 한 무리의 학생들이 예정대로 공연하여 주님의 심부름을 수행하도록 비를 멈추게 하실 수 있었다.

코펜하겐에서 드린 기도와 기적

메사추세츠 주 뉴튼에 사는 캐트린 펠드먼이 1980년대 유럽에서
대학을 다니던 시절 이야기를 들려줍니다.

나는 1980년대 중반 대학 2학년을 프랑스 파리에서 보내던 중
에 기적을 경험했다. 방학이 시작되자 여행을 좀 해보려고 마음먹
었다. 유럽 전역을 다닐 수 있는 기차표를 사서 여행하려는 계획
이었고, 우선 그 해에 덴마크에서 공부하고 있는 친구를 찾아가기
로 했다.

우리는 코펜하겐 기차역에서 만나기로 약속했다. 파리에서 출
발하는 야간열차가 있어서 나는 다음날 아침에 도착할 예정이었
다. 프랑스에서 열차 파업은 당시에도 흔한 일이었지만, 내가 탈
기차는 출발 예정이었으므로 나는 가방 안에 소니 워크맨을 비롯
해서(때는 80년대였다.) 소지품들을 챙기고 새 옷도 좀 넣었다. 여행
준비를 마친 후 기차역으로 갔다.

그런데 역에 도착해보니 당황스럽게도 기차표를 살 수가 없었
다. 파업 때문에 매표소가 모두 닫힌 것이다. 다행히 탑승한 다음

에도 표를 살 수 있다는 사실을 알게 되어, 안심하고 내가 탈 기차를 찾았다.

기차에 타고 보니 표를 사는 일이 상당히 복잡했다. 내가 살 수 있는 표는 한두 역을 가는 단거리 표에다 추가요금까지 붙었다. 매번 기차가 멈추면 다른 차장이 올라탔고, 나는 몇 정류장 못 가는 표를 사면서 추가요금이 너무 불어나지 않기를 바라야 했고, 동시에 나에게 장거리 표가 없는 것은 내 잘못이 아니라고 따져야 했다. 정기권을 사고 싶은 마음이 간절했지만, 그것은 역에 있는 매표소에서만 가능했다. 밤이 점점 깊어지면서 내 처지는 더 불안해졌다. 내가 탄 기차가 "침대칸"이 있는 야간열차였기 때문에 나는 눕지 않고 앉아 가는 칸에 자리를 잡았다. 옆자리에는 친절한 미국인이 앉아있었고, 우리는 말을 나누기 시작했다. 나는 황당한 기차표 문제와 정기권을 사야하는 이야기를 했다. 그는 폴란드로 가는 길이었다.

우리는 다음 역에서 열차가 15분간 정차할 예정이란 안내를 들었다. 내가 정기권을 살 좋은 기회였다. 그래서 기차가 역에 멈추자 나는 지갑을 들고 매표소까지 달려가서 서둘러 정기권을 샀다. 마침내! 이제 정기권이 있으니 마음을 놓을 수 있었다. 다시 플랫폼으로 달렸다. 그런데 내 기차가 사라지고 없었다. 플랫폼은 비었고 조용한 어둠만 깃들어 있었다. 기차의 흔적도 없었다. 내 모든 소지품을 실은 기차는 나를 빼놓고 제 갈 길을 가버렸다. 친구를 만날 방도도 없고, 내가 그 기차에 없을 거란 사실을 알려줄 수도 없었다. 친구의 전화번호는 외우지 못하고, 번호가 적힌 수첩은 기차에 실려 가버린 가방 속에 있었다. 정신을 차리고 서둘러 생각을 해야 했다.

나는 매표소에 돌아가서 그곳 직원에게 내 기차가 떠나버렸다고 말했다.

"물론이죠. 기차들이 줄줄이 늦었으니 15분을 못 기다렸을 겁니다."

다음 기차는 몇 시간 후에 있었다. 그 기차를 타고 독일까지 가서 다시 코펜하겐행으로 갈아탈 수 있었다. 매표소 직원은 친절하게도 내가 놓친 기차로 전화를 걸어서 내 좌석에 놓인 가방을 찾아 달라고 부탁했다. 그 기차는 폴란드 바르샤바행 기차였는데 독일에도 정차할 예정이었다. 독일 기차역에 내 가방을 내려주면, 나도 그 역에서 환승을 하니 가방을 찾을 수 있을 것이다. 그런데 전화를 몇 통 하고 난 직원은 내 가방을 못 찾았다는 말을 전해주었다. "그래도 혹시 찾아지면 독일의 그 역에 두겠답니다."

이번엔 덴마크에 있는 내 친구에게 연락을 해서 내가 다음 기차를 탈 거라고 알려줄 방법을 찾아야 했다. 어떻게든 연락을 해야 했다.

기적의 손길

나는 엄마에게 전화를 걸어서 친구 부모님께 전화를 부탁하기로 했다. 그분들이 친구에게 전화를 걸어 내가 다음 기차를 탈 거라는 소식을 전해주시면 될 터였다. 그래서 공중전화를 찾았다. 국제전화를 걸기엔 잔돈이 부족했기 때문에 콜렉트콜을 이용했다.

유럽은 밤이 늦은 시간이었다. 엄마 말곤 전화로 도움을 청할 사람이 떠오르지 않았다. 이 시간에 내 전화를 받고 엄마가 놀라실 일이 마음에 걸리긴 했다. 신호가 가고, 엄마가 전화를 받았다. 교환이 콜렉트콜이라고 공지하자 엄마는 받겠다고 대답했다. 나는 겁에 질린 상태였고, 콜렉트콜을 사용하고 있었다. 비싼 전화였다. 나는 최대한 빠르게 내 상황을 설명해서 통화시간을 아끼려

고 했다. 말이 정말 빠르게 쏟아져 나왔다. 기차를 놓쳤고, 다음 기차를 탈 거고, 친구에게 알려줘야 하고, 가방도 잃어버렸다고.

몰아쳐서 말 하느라 숨이 가빴다. 엄마는 침착했다. 다 이해했다며 전화를 하마 하셨다. "하지만 우선 우리가 기도를 해야겠다."

나는 얼른 대답했다. "엄마, 전화요금이 엄청나요. 그냥 끊고 각자 기도하면 좋겠어요."

"아니야. 우리가 함께 기도해야 해."

그래서 우리는 함께 기도했다. 엄마의 기도는 느리고 분명했다. 엄마는 나를 위해서, 내 가방을 위해서, 친구를 만나는 것에 대해서, 그리고 내 여행에 대해서 기도했다. 엄마는 서두르지 않았다. 빨리 끝내거나 간단하게 말하려고도 하지 않았다. 엄마는 각 항목이 얼마나 중요한지 설명을 드리고 아름다운 기도를 '아멘'이란 말로 마쳤다. 그 다음 우리는 서로 작별을 고했다.

그런 다음 나는 기차를 기다렸다. 도착한 기차에 올라 독일로 갔다. 독일에서 나는 앞선 기차에서 이 역에 내려 두었을 내 가방을 문의했다. 그러나 가방은 없었다. 아무 것도 없었다. 나는 다시 코펜하겐행 기차를 타고 가서 내 친구를 만났다. 친구는 나를 꼭 안아주며 자기 부모님이 전화를 해서 내가 다음 기차로 올 거니 픽업해주라 하셨다고 말했다. 친구에게 가방을 잃어버렸다고 말하자 친구는 "그럼 더 가볍게 여행할 수 있겠다."라고 대답했다.

기적의 손길

우리는 친구 집으로 가서 함께 저녁을 해먹으며 즐거운 시간을 보냈다. 친구는 나에게 비닐 쇼핑백과 티셔츠 몇 개를 빌려주었다. 친구의 바지 사이즈는 나랑 맞지 않으니 내일 새 바지를 사기로 했다.

다음날 우리는 시내에서 버스로 40분 정도 걸리는 소도시에서 열리는 벼룩시장에 갔다. 우리는 가판대를 옮겨 다니며 여행에 필요한 물품을 사서 비닐 쇼핑백에 담았다. 어느 순간부터는 장난기가 발동해서 서로 아무 물건이나 집어 들고 이것도 여행에 가져가라고 농담을 하며 서로 이름을 불러 댔다. 우리가 서로 영어로 이야기하는 것을 들은 어떤 사람이 멈춰 서서 내 친구에게 시간을 물었다. 친구는 그에게 대답을 해 주었다. 나는 친구가 누구와 이야기하는지 보았는데, 낯이 익었다. 내가 아는 사람이었다! 기차에서 만났던 그 젊은 미국 남자였다! 그는 나를 돌아보았고 우리는 마주보았다. 나는 정말로 놀랐다!

"또 만났네요!" 내가 말했다.

그의 눈이 빛났다. "내가 당신 가방을 가지고 있어요." 그는 활짝 웃으며 말했다.

그가 왜 폴란드를 가려던 계획을 바꿔서 덴마크에 내렸으며, 또 코펜하겐에서 40분 거리인 벼룩시장에 있었는지 나는 아직도 모른다. 내가 아는 것은 그가 내 가방을 가지고 있었고, 내가 무사히 친구를 만났으며, 모든 것이 다 괜찮았다는 사실이다.

그는 "어떻게든 당신을 찾아서 가방을 돌려줄 생각이었어요."라고 말했다.

나는 놀라고 감사했다. 엄마가 시간을 들여 나와 기도해주신 일이 지금도 감사하다.

그날 가방을 돌려받은 다음 나는 엄마에게 전화를 걸어서 무슨 일이 있었는지 이야기하고, 가방도 찾았고, 친구도 만났고, 모든 문제가 해결되었다고 알려드렸다.

"다 괜찮을 줄 알았다." 엄마는 자신 있게 대답하셨다.

기적의 손길

기도로 구한 결혼

일본 고베에 사는 에이코 다케다가 10여 년 전 미국 유타 주 드레이퍼에서 있었던 기적을 이야기합니다.

남편과 나는 오래 전에 결혼했다. 우리는 서로 사랑하고, 세 딸을 두고 있다. 어느 날 오후 우리는 차를 몰고 바람을 쐬러 나갔다. 눈부시게 아름다운 가을 오후였고, 우리는 동네 드라이브를 하며 가을 풍경을 즐기고 있었다. 이유는 잘 모르겠는데, 논쟁이 일어났다. 사소한 의견 차이로 시작된 말씨름은 점점 격앙되었다. 나도 남편도 자신이 옳고 상대가 그르다고 확신했다. 점점 더 기분이 상했고, 목소리는 크고 날카로워졌다. 우리는 화가 나서 소리를 지르기 시작했다! 아이들이 함께 있지 않아서 너무 다행이었다.

당시 우리는 서로에게 엄청나게 화가 났고, 피곤하고 배도 고팠다. 그래서 판다 익스프레스라는 가까운 중식당에 차를 세웠다. 나는 안으로 들어갔지만 머릿속엔 오직 "저 남자랑 여기 있는 게 싫어!"라는 생각뿐이었다. 한편으론 떠나버리고 싶었고, 또 한편으론 하나님께 도움을 간구하고 있었다. 우리의 결혼관계를 지켜

주시고, 너무 갑자기 우리 사이에 생겨난 이 분노가 잠잠해지기를 간청했다.

그런 생각과 기도가 내 머릿속을 맴도는 동안 우리는 쟁반에 담긴 음식을 테이블에 들고 와서 앉았다. 쟁반 위에는 딸려온 포춘쿠키가 있었다. 나는 그 포춘쿠키를 바라보았다. 과자도 나를 바라보는 듯했다. 나는 음식을 먹기도 전에 손을 뻗어 과자를 둘로 쪼갰다. 그 속에서 나온 글귀는 나를 놀라게 했다.

"당신은 행복한 결혼생활을 할 것이고 배우자를 영원히 사랑할 것이다." "뭐라고??!!" 그 순간 내 안의 분노가 모두 밖으로 흘러나가는 것 같았다. 나는 그 종이를 남편에게 건넸다. 그는 거기 적힌 글을 읽더니 미소를 지었다! 우리는 함께 웃고 서로 안아주었다. 그 쿠키를 열어보지 않았더라면 우리의 결혼이 어찌 되었을지 모르겠다. 우리의 기도를 듣고 도움이 필요하다는 것을 안 천사가 거기에 그 쿠키를 놓아둔 것이 분명하다. 하나님의 친절하심에 감사하고, 수많은 해피엔딩을 주셔서 감사하다!

기적의 손길

하나님은 위대하시다: 수여자이신 주님

나이지리아 라고스에 사는 아부바카르 사딕 알리유 중령이
1996년 7월에 경험한 기적에 관해 이야기합니다.

군인 집안에서 나고 자랐기 때문에, 내가 나중에 자라서 무엇이
되고 싶은지는 처음부터 자연스레 정해져 있었다. 가족들처럼, 아
버지와 삼촌과 형처럼 나도 군인이 되고 싶었다. 우리 나라에서는
군인을 선발하는 과정이 엄격해서, 성적이 좋아야 하고, 신체조건
도 갖춰야 하고, 경우에 따라서는 집중력 테스트를 통과하고 보증
도 받아야 한다. 내 스스로 달성해야 할 요건은 모두 자신 있게 통
과했지만, 나를 위해 보증을 서주거나 추천의 말을 해줄 사람이
없는 것이 걱정이었다. 나는 나이지리아 라고스에 혼자 있었고 부
모님은 남아프리카 공화국에 파견되어 계셨다. 당시에는 이메일
을 사용할 방편도 없었고, 전화는 너무 비싸서 쓸 수 없었다.

무엇보다 아버지는 남의 도움을 청하기 위해 의논하는 것을 원
하지 않으실 터였다. 아버지는 사람이 살면서 필요한 것은 다른
누구도 아닌 오직 전능하신 하나님에게서 온다고 믿는 분이셨다.

아버지는 나와 내 형제들에게 늘 우리의 필요를 채워 주시고 지탱해주시는 하나님을 믿으라고 가르치셨다. 그래서 나는 코란에서 위안을 주는 말씀을 찾았다. "실로 하나님은 권능과 힘의 주님으로 일용할 양식을 베푸는 수여자이시라"(코란 51:58) 하나님의 말씀을 숙고하는 동안 나는 코란의 구절(코란 28:24)과 같이 열렬히 기도했다. "주여 당신께서 저에게 베풀어 주셨던 은혜가 절실히 필요하나이다"

나는 지원서를 내고 나 자신을 하나님께 맡겼다. 몇 주 동안 나는 계속해서 기도했다. 그리고 마침내 합격했다는 기쁜 소식을 들었다! 하나님을 찬양하라! 새로운 사관 후보생 명단에 내 이름이 있었다. 나는 정말로 기뻤고 하나님께 감사했다! 얼마 후 나는 하나님의 은혜로 훈련 기간을 시작하고 끝마쳤다. 오늘의 나를 만들어 주신 하나님께 여전히 감사하다. 그분은 참으로 위대하시며, 일용할 양식을 베푸는 수여자이시다. 늘 그렇듯, 나는 전능하신 분의 뜻에 나 자신을 맡긴다.

제발 폭풍우는 그만!

올란도에 사는 셰리 유덴프론드-수즈카가 2004년 플로리다를 강타한
네 차례의 허리케인 후에 일어난 기적을 회상합니다.

2004년은 내 고향 플로리다를 거듭된 허리케인이 삼켜버린 해
이다. 정말이지 끝이 없는 듯 보였다! 6주 동안 네 차례의 허리케
인으로 집과 건물들이 초토화되자, 어떤 기자들은 실제로 플로리
다 주를 "Sunshine State"라는 원래 별명 대신 "Plywood(합판)
State"라고 부르기 시작했다.

그해 처음 찾아온 태풍은 8월 13일에 상륙한 허리케인 찰리였
는데 시속 209km의 강풍을 동반한 4등급 허리케인이었다. 감사
하게도 우리 집과 가족들은 무사했지만, 3주 동안 정전된 채로 지
내야 했다. 전기가 돌아온 직후인 9월 5일, 허리케인 프란시스가
상륙했다. 2등급 허리케인에 바람은 시속 161km였다. 찰리처럼
파괴적인 강풍을 가져오는 대신 프란시스는 무지막지한 토네이도
를 만들어냈다.

이번에도 우린 살아남았지만 또 다시 2주 동안 정전이었다. 9월

16일에 도착한 허리케인 이반 때는 그래도 운이 좋았다. 플로리다의 우리 지역에는 심한 영향을 주지 않았으니까. 하지만 플로리다 서부에는 3~4.5m 높이의 폭풍해일을 만들어냈다. 그 다음 허리케인은 10일 뒤에 찾아왔다.

9월 26일, 3등급 허리케인인 진이 프란시스가 강타한 지역으로 상륙했다. 허리케인 진은 시속 177km의 강풍으로 18cm가 넘는 비를 몰고와서 홍수를 일으켰다. 진의 강타가 있고 전기 없이 열흘째 되던 날 오전 10시쯤, 나는 전등을 올려다보며 하나님께 소리쳤다. "이제쯤 불이 켜져야 하지 않을까요!" 그 순간 퍽 하며 불이 들어왔다. 동시에 나는 두 손으로 입을 가리고 이렇게 말했다. "죄송해요. 죄송해요." 그리고 나선 이렇게 말했다. "어머나, 좀 더 일찍 부탁을 드려볼 걸 그랬나봐." 어쨌든 그 순간 일어난 일은 기적이었고, 우리는 감사했다!

기적의 손길

— 3장 —

아기를 구해주시다

⁓

다음 세 이야기는 생명의 기적과 탄생이라는 축복에 관한 기적입니다. 수많은 어린이들이 이른 나이에 사망하지만, 모든 어린이는 소중하며 모두 하나님께서 주신 선물입니다. 첫 번째 이야기는 한 아기가 청소년으로 자라서 국제사회에 가져온 긍정적 영향력을 보여주며, 두 번째 이야기는 영유아기에 아이가 겪은 시련이 그의 생명을 구하는 축복이 된 경우입니다. 세 번째 이야기는 입양을 통해 가족의 일원이 된 아기를 소개합니다.

생명의 기적

인도 수라트 출신인 히렌과 지기샤 샤 부부가 뉴저지 주 이셀린에서 태어난 아들 스파쉬의 기적에 관해 이야기합니다.

전 세계 수백만 명의 사람들에게 영감을 주고 있는 이 젊은이가 이토록 불안하게 삶을 시작했다는 사실은 거의 알려지지 않았다. 2003년 4월 30일, 스파쉬 샤가 세상에 태어난 날은 기적의 날이기도 했고 좌절의 날이기도 했다.

스파쉬의 부모인 지기샤와 히렌 샤 부부는 그들의 첫 아기가 초롱초롱한 눈으로 시선을 맞추는 모습을 내려다보며 기쁨에 젖었다. 하지만 스파쉬는 골형성부전증이라는 불치병을 가지고 태어나서 뼈가 극도로 약했다. 자신의 체중을 지탱할 수 없는 데다 너무 쉽게 부러질 수 있었다. 스파쉬는 태어났을 때 40군데가 넘는 골절을 입은 상태였다. 미소를 짓던 부모는 눈물을 흘렸고, 아기를 급히 중환자실로 옮겨졌다.

의사들은 지기샤와 히렌에게 돌아와 아기의 병명을 알려주었고, 이 병이 의미하는 항구적인 고통을 설명했다. 사실 의사들은 스파쉬가 이틀 동안 생존할 것이라고 예상했다. 둘째 날엔 상태가 너무 심각해서, 최악의 경우 연명치료를 거부한다는 서류에 서명하도록 안내했다. 의료진은 아기가 죽는 것을 허락하여 장래에 불가피하게 닥칠 고통을 면하게 해주는 것이 인도적인 선택이라고 제안했다.

지기샤와 히렌은 비통했고, 생각할 시간이 필요했다. 그들은 함께 이야기하고 함께 울었다. "우리가 어떻게 하나뿐인 아들을, 이제 막 태어난 아기를 죽게 둘 수 있지? 스파쉬는 우리에게 온 선물이야. 어떻게 우리가 그 선물을 거부할 수 있겠어?" 히렌은 고향인 인도로 아버지에게 전화를 걸어서, 한밤중에 잠을 깨우고 소식을 전했다. 그는 아버지에게 물었다. "왜 하나님께서 우리에게 이런 일을 주실까요? 왜 내 아이가 고통받는 걸 봐야 하죠?" 아버지는 대답했다. "아들아, 하나님이 스파쉬를 너희들에게 주신 건 너희들이 그 아이에게 최고의 부모일 것을 아셨기 때문이란다." 그날 이후, 히렌은 더 이상 "하나님, 왜 접니까?" 라고 질문하지 않았다. 스파쉬의 아버지라는 역할이 주어졌음을 깨달은 그는 대신에 "하나님, 저를 택하셨으니 감사합니다!"라고 말씀드렸다.

히렌이 아버지와 통화한 후, 지기샤는 중환자실로 갔다. 자그마한 아들을 내려다보며 지기샤는 손가락으로 부드럽게 아기를 어루만졌다. 스파쉬는 사랑이 담긴 눈으로 엄마를 올려다보았다. 아

　　　　　　　　　　　　　기적의 손길

들을 바라보면서 지기샤는 어떤 목소리가 자기 영혼에 닿는 느낌을 받았다. "엄마, 나는 목적이 있어서 이 세상에 왔어요. 뭔가 큰일을 하려고요. 그리고 난 살 거예요." 지기샤는 아들에게 미소를 지으며 눈물을 머금고 속삭였다. "스파쉬, 사랑한다. 다 괜찮을거야. 우리가 널 돌봐 줄게." 지기샤는 히렌을 보자 방금 스파쉬와 나눈 교감을 이야기했다. 두 사람은 의료진에게 가서 생명유지장치 사용 중단을 허락하는 서류에 서명하지 않겠다고 말했다. 그들은 스파쉬가 살 것이며, 자신들은 최선을 다해서 아이를 돌보고, 보호하며, 행복한 삶을 살도록 도울 거라고 말했다.

병원에서 6개월을 지낸 후에도 여전히 의사들은 스파쉬를 집으로 데려가는 대신 다른 병원으로 가라고 했다. 스파쉬의 부모는 아들을 데리고 집으로 가도 좋다는 허락을 받기 위해 싸워야 했다. 지기샤는 아들을 집으로 데려가면 더 잘 돌볼 수 있고 아기에게 필요한 사랑을 줄 수 있다고 확신했다. 마침내 몇 달을 더 사정한 후에야 두 사람은 스파쉬가 퇴원해도 좋다는 허락을 받았다.

스파쉬가 병원에서 집으로 온 후 가족의 생활은 행복하면서도 힘겨웠다. 스파쉬는 여전히 뼈가 약했고, 태어난 후로 135번 이상의 골절상과 열 두 번이 넘는 큰 수술을 겪느라 수시로 병원을 드나들었다. 훌륭한 청소년으로 자란 스파쉬는 다리와 허리가 체중을 감당할 수 없으므로 휠체어를 써야만 한다. 그리고 지금까지 여덟 개의 철심과 스물 두 개의 나사를 몸에 지니게 되었다. 이 모든 역경과 고통과 시련에도 불구하고, 스파쉬의 정신은 담대했다. 그의 눈은 여전히 총명하게 반짝이고, 이제는 신체적, 정서적 어려움을 겪는 수백만의 사람들에게 삶에 대한 열정과 용기와 희망을 나눠주고 있다.

어떤 사람들은 이렇게 묻는다. "이 아이는 어떻게 이렇게 하죠? 그 모든 어려움과 고통 속에서 어떻게 이토록 긍정적일 수 있나요?" 모든 시련에도 불구하고 스파쉬와 가족은 하나님을 믿는 깊

기적의 손길

은 신앙을 지니고 있으며, 하나님께서 수많은 기적을 통해 스파쉬의 몸과 영혼을 계속해서 보존하시고 강하게 해주심을 인식하고 감사를 드린다. 스파쉬는 이렇게 말한다. "우리는 모두 싸움에 직면하지만, 내가 이길 것을 안다면 그 싸움은 반은 이긴 것이나 다름없어요. 남은 할 일은 싸우는 것입니다."

그는 이렇게 선언한다. "나는 불쌍한 이야기를 하려고 나온 것이 아닙니다. 대신 긍정의 이야기를 나누려고 해요. 실패담을 나누려는 것이 아니고, 대신에 흔들리지 않는 믿음에 관해 이야기할 거예요. 우리는 모두 고통을 피할 수 없어요. 하지만 괴로워하는 것은 선택입니다. 때로 우린 모두 포기할까 생각하지만, 우리가 간과하는 사실은, 우리가 겪는 시련은 우리를 더 강하게 만들어 주기 위해 왔다는 점이예요. 그러니 애석해하는 대신 감사해야 합니다. 문이 하나 닫히면, 다른 문이 열립니다. 하나님께서는 제 앞에 걷기라는 문을 닫으셨을 때, 목소리와 음악이란 문을 열어 주셨어요."

스파쉬는 여러 해 동안 음악적 재능을 발전시켜왔다. 열 살 때 처음 작곡을 시작한 이래로 지금까지 60곡 이상을 작곡했다. 현재 17세인 스파쉬는 국제적으로 알려진 가수이고, 작곡가이자 래퍼이며 영감을 주는 연사이기도 하다. 그의 좌우명 중 하나는 "절대로 스스로에게 할 수 없다는 말을 하지 않는다."이고, 다른 하나는 "삶에서 무슨 일이 일어나도, 절대 자신의 열정을 포기하지 말아라. 믿는다면, 해낼 수 있다."이다. 그의 긍정적인 정신과 무한한 용기는 나이와 국적을 불문하고 전세계의 수백만 명을 고양시키고 있다.

래퍼이기도 한 스파쉬의 별명은 "퓨리듬"이다. 그는 이렇게 말한다. "나는 이 세상에 변화를 가져오는 목소리가 되고 싶어요. 깨끗하고 순수한 랩의 새로운 세대를 일으켜서 말이예요." 그의 음악은 인도 전통음악과 힙합의 퓨전이며, 그는 이것이 "라가랩"이란 새로운 장르로 알려지길 바란다. 그의 노래들은 소셜미디어에서 7천5백만 이상의 조회수를 기록했다.

열 세 살 때 스파쉬는 "불가능을 가능하게 한 13세 소년"이란 제목으로 TED 연설을 하여 기립박수를 받았다. 아시아 최대 규모의 TEDx 행사였고, 소셜미디어 조회수는 천8백만 회를 넘었다. 스파쉬는 UN, 구글, 딜로이트 컨설팅을 비롯한 수많은 기관에서 연설했다. 또한 다양한 자선 모금 행사를 포함하여 140회 이상 공연했다. 그 중에는 라디오 시티 뮤직홀, 매디슨 스퀘어 가든, 그래미 파크, 심포니 홀, 그리고 뉴저지 공연센터도 있었다. 또한 미국과 영국의 Little Big Shots, 투데이 쇼를 비롯하여 전 세계에서 TV쇼에도 출연했다. 스파쉬는 봉사에도 열심히 참여하고 있어서 세인트주드 어린이 연구 병원의 청소년 대사를 역임해왔고, 전세

기적의 손길

계의 다른 기관들을 위해서도 일했다.

17년 전 지기샤가 병원에서 아들을 바라보던 중에 들었던 말이 현실이 된 것은 놀라운 축복이다. 수많은 골절과 고통에도 불구하고 스파쉬의 삶은 그 자신을 위해서만이 아니라 전세계의 헤아릴 수 없는 사람들의 삶에도 계속해서 기적을 만들어내고 있다. 지기샤와 히렌은 그들의 전부를 쏟아 부어 스파쉬에게 안전하고 사랑이 넘치는 가정을 주었고, 그는 자신의 전부를 다하여 부모를 행복하게 하고 전세계 수백만의 하나님의 자녀들에게 희망과 영감을 주고 있다.

숨겨진 축복

유타 주 솔트레이크 시에 사는 니콜이 10여 년 전
아들의 목숨을 구한 기적을 이야기합니다.

나와 팀은 2006년에 결혼했다. 그리고 2007년 2월에 첫 아들이
생긴 것을 알았는데, 예정일은 10월 22일이었다. 임신 기간은 여러
모로 완벽해서 입덧도 합병증도 전혀 없었다. 그래서 양수가 5주나
일찍 터져서 제이콥이 그해 9월 20일에 세상에 나온 일은 더 갑작
스러웠다. 아기는 겨우 2.4kg이었지만 건강했다. 신생아집중치료실
에서 딱 한 시간을 머무른 후, 우리와 함께 집으로 왔다.

우리는 아기 제이콥을 돌보며 부모의 기쁨을 누렸고, 둘째 아들
이 생긴 것을 알고 또다시 기뻐했다. 둘째는 2010년 10월 4일에
태어날 예정이었다. 이번에도 임신기간은 편안했고 입덧도 없었
다. 양수가 6주 일찍 터졌을 때에도 나는 전혀 걱정하지 않았다.
첫째 아이도 5주 일찍 태어났지만 처음부터 아주 건강했으니까.

"원래 내가 조산하는 체질인가보다."라고만 생각했다. 하지만
병원에서 담당 의사는 나에게 태아의 폐가 아직 덜 발달했으니 가

능한 오래 침대에 누워 지내라고 조언했다. 그런데 침대에서 겨우 이틀을 지낸 후, 둘째아이 조슈아가 세상에 나왔다. 아기가 호흡을 시작하게 하느라 의료진들이 한동안 진땀을 뺀 후, 조슈아는 마침내 힘찬 울음을 터뜨렸고, 형 제이콥과 마찬가지로 즉시 신생아집중치료실로 옮겨졌다.

신생아집중치료실에서 간호사들은 조슈아가 자는 동안 종종 숨을 멈추는 것을 발견했다. 집중치료실에서 지낸 한주일 동안 우리는 아기가 중추수면무호흡 증상이 있음을 알게 되었는데, 원인은 호흡을 관장하는 뇌의 특정부분이 미성숙하기 때문이었다. 편도나 아데노이드 등이 기도를 막는 폐쇄수면무호흡과는 다른 문제였다.

조슈아는 산소호흡기와 맥박산소측정기를 한 채로 퇴원했다. 생후 4개월까지 매일, 24시간 필요한 장치들이었다. 4개월이 되자 잘 때만 산소호흡기와 맥박산소측정기를 달았다. 산소 사용은 아이가 20개월 반이 될 때까지 계속되었다.

한밤중에 맥박산소측정기 알람이 울려서 깜짝 놀랐던 적이 몇 번 있었다. 매번 조슈아가 코에서 산소 튜브를 떼 버리고 자면서 숨을 쉬지 않아서 일어난 일이었다. 한번은 조슈아가 2층 아기 침대에서 낮잠을 자던 중에 알람이 울렸다. 뛰어 올라가서 살펴보니 아이가 푸르스름했다. 아기 이름을 소리쳐 부르며 부드럽게 흔들어 깨웠다. 금세 혈색이 돌아왔고, 아이는 멀쩡했다.

조슈아가 산소호흡기를 졸업한 후, 나는 중추수면무호흡과 영아돌연사증후군이 연관이 있을 수 있다는 정보를 우연히 접했다. 비로소 하나님이 베푸신 기적이 우리 눈에 보이기 시작했다. 조슈아가 임신기간을 다 채우고, 폐의 발달이 끝난 상태로 태어났더라면 아이는 신생아집중치료실에 가거나 맥박산소측정기를 차는 일도 없었을 것이다.

달수를 채우고 태어났다면, 정상적으로 퇴원했을 것이고 우리는 아이의 중추수면무호흡 증세를 알지 못했을 것이다. 그 결과 우리는 아이를 잃었을 확률이 높았다. 조슈아의 의사들은 아이의 무호흡증이 조산과는 무관하며 만삭에 태어났더라도 여전히 같은 증세를 가졌을 거라고 했다. 조슈아가 생존하기 위해 분투하는 모습을 지켜보며 우리 마음이 아팠지만, 사실 그것은 축복이었다! 그런 고통이 없었다면 의사들은 조슈아의 증세를 발견하지 못했을 것이고 우리는 아이를 잃었을지도 모른다.

우리는 매일 하나님께 두 아들을 선물로 주신 것을 감사드린다! 이 아이들의 부모가 된 축복에 감사하고, 조슈아가 집중치료실에서 퇴원하기 전에 중추수면무호흡 진단을 받도록 기적을 일으켜 주신 것에 감사하다. 우리는, 다른 모든 어린이들과 마찬가지로, 조슈아의 생명이 하나님께서 주신 소중한 선물임을 안다.

　　　　　　　　　　　　　　기적의 손길

현재 영아돌연사증후군은 여전히 연구가 진행중이며 그 원인에 관해서도 몇 가지 의문점이 있다. 다양한 요인이 있을 수 있는데, 우리는 그 중 하나가 확인되지 않은 중추수면무호흡 증세라고 본다. 우리가 확실히 아는 것은 조슈아에게 맥박산소측정기를 달지 않았다면 아이가 낮잠 자는 동안 한 시간 이상을 내가 들여다보지 않았을 것이며, 그때는 너무 늦었을 거란 사실이다. 조슈아는 올해 아홉 살이 되었다. 건강하고 행복한 3학년 꼬마이다. 우리는 이 아이의 부모가 되는 기회를 축복으로 받아서 참으로 감사하다.

누구든지 내 이름으로
이런 어린 아이 하나를 영접하면

한국 서울에 사는 이나예솜이 2011년
자녀를 입양한 축복에 관해 이야기합니다.

늘 떠오르는 단어는 "인내"와 "신앙"이었습니다. 남편과 저는 10년이 넘도록 아기를 가지려고 노력했지만 그 축복을 받지 못했습니다. 지루한 기다림, 뭔가 부족한 느낌, 집안에 아이 웃음소리가 없다는 사실로도 충분히 힘들었습니다. 그러나 솔직히 가장 아프고 힘겨운 순간은 자녀가 없는 우리를 바라보는 주변의 시선과 판단과 쉽게 던지는 말을 견뎌야 할 때였습니다. 마치 성경 속의 한나나 사라처럼 하나님께 자녀를 축복으로 주시라고 간절히 부르짖는 밤이 거듭 지나갔습니다.

그럼에도 불구하고 우리의 결혼생활은 행복했는데, 남편의 따뜻한 배려와 하나님에 대한 우리의 신뢰가 있었기 때문에 가능한 축복이었습니다. 남편이 마흔살이 되었을 때 우리는 시험관 아기를 가지기 위한 검사와 준비를 시작했습니다. 이 모든 과정이 편

치 않았고 저는 자녀를 데려오는데 있어 무엇인가 더 중요한 우선
순위가 있음을 내면으로부터 지속적으로 느꼈습니다.

그리고 아기를 입양하는 것을 먼저 고려해야 하지 않을까 라는
생각이 저에게 떠올랐습니다. 어느 날 이 문제를 곰곰이 생각하면
서 지하철에 도착했습니다. 지하철 스크린 도어에는 입양을 홍보
하는 문구가 커다랗게 적혀 있었습니다. 저는 별 생각 없이 광고
를 바라보았습니다. 잠시 후 지하철이 도착해서 전철 안으로 들어
섰습니다. 다시 전철 안 좌우에 스크린 도어에서 봤던 문구와는
다른 기관에서 입양을 촉구하는 광고가 도배되어 있었습니다. 저
도 모르게 눈물이 흘러내렸습니다. 전철에서 내려 집으로 걸으며
하나님의 뜻을 알고자 기도했습니다. 그리고 그날 저녁 남편에게
시험관 아이보다 입양을 먼저 고려하면 어떻겠냐고 상의했습니
다. 남편은 우리의 아이를 가지기 위해 최선을 다한 후 입양을 고
려하면 좋겠다고 대답했습니다. 저는 이에 대해 기도해 보라고 제
안했습니다. 며칠 후 남편은 자신은 아무런 응답도 받지 못했다고
했습니다. 우리는 신앙과 기도의 응답에 대해 다시 이야기를 시작
했습니다. 자신이 내려야 할 선택을 기도를 통해 응답으로 얻으려
한다면 아무리 열정적으로 긴 시간을 기도해도 응답은 더딜 것이
며 무언가 행동을 취한 후 그것이 옳은 것인지 더 나은 선택이 있
는지를 간구한다면 인도를 받을 것이라는 이야기를 나누었습니

다. 첫 번째 행동으로 남편은 입양을 원하는 부모 교육 모임에 참석하기로 했습니다. 모임에서 돌아온 남편은 상기된 표정으로 입양을 해야겠다고 말했습니다. 그것도 쌍둥이로.

우리의 결정에 대해 함께 기도하면서 우리가 과연 좋은 부모가 될 수 있을지, 또 아이를 성공적으로 양육할 수 있을지 불안한 마음도 있었습니다. 어느 일요일, 예배에 참석해서 교회 지도자의 설교를 들었습니다. 평화로운 일요일이었고 우리는 입양에 관한 우리의 결정에 대해 고민 중이었습니다. 연사는 어린이에 관한 말씀을 주제로 이야기했습니다. 그리고 말씀 끝에 마가복음 9장 37절을 인용했습니다.

"누구든지 내 이름으로 이런 어린 아이 하나를 영접하면 곧 나를 영접함이요 누구든지 나를 영접하면 나를 영접함이 아니요 나를 보내신 이를 영접함이니라"

두 팔을 벌려 그 성경 구절을 인용하는데 마치 우리 부부에게 개인적으로 이야기하는 듯했습니다. 남편과 저는 서로의 눈을 바라보았고 눈물이 동시에 흘러내렸습니다. 우리에게 하늘에서 주시는 확실한 응답이었습니다.

입양 기관에 서류를 제출하고 아이를 기다리던 중 저는 이상한 꿈을 꾸었습니다. 정오의 태양이 머리 위에 있는데 아주 커다란 거북이 서서히 내려오는 꿈이었지요. 태몽이라 생각했습니다. 얼마 후 입양기관에서 아기의 사진과 함께 생년 월일, 생모와 생부에 관한 간략한 정보를 전달받았습니다. 아기의 생일은 제가 꿈을 꾼 날로부터 이틀 후였습니다. 꿈 이야기를 들려주자 남편은 미소를 지었지만, 입양 결정을 내린 후에도 내면에 여러 불편한 감정들이 있음을 감지할 수 있었습니다. 저는 처음 입양을 지원했을 때부터 마음 속으로 아기와 생모에 대한 기도를 끊임없이 드렸습니다. 아기가 우리 부부에게 오기 전까지 다정한 보살핌을 받기를 바랐고, 아기가 아빠를 만났을 때 웃었으면 좋겠다는 소박한 소망이었습니다. 정해진 날짜를 기다리며 우리가 아기와 만나는 장면을 상상했습니다.

마침내 우리 아이를 만나는 날이 되었습니다. 우리 부부는 아기가 임시 보호자로부터 한 달 동안 보살핌을 받았다는 이야기를 듣고 감사했습니다. 남편이 침대에 있던 아기를 소개받고 안아 올리자 그 조그만 얼굴에 마치 알고 있었다는 듯한 환한 미소가 번졌습니다. 심지어 소리 내어 웃기도 했습니다. 이 기도는 저만 알고 있었고 이 소망을 누군가에게 이야기한 적이 없었기에 제 가슴은 놀라운 기쁨과 감사로 가득 찼습니다. 기도에 대한 응답이고, 기적이었습니다! 우리는 하나님께 감사하며 아기를 데리고 집으로 왔습니다. 놀랍고 감사하게도 남편은 한결같이 아기를 정성스럽게 돌보고 저와 마찬가지로 사랑했습니다.

가족이 되는 방법에는 수많은 길이 있고, 부모가 되는 길도 그렇습니다. 저는 아이를 낳아 본 경험이 없지만 어머니가 되는 축복을 받았으며 하나님의 자녀를 돌보고 양육하는 특권을 누리고 있습니다. 하나님께서는 우리의 기도를 들으시며, 우리 주 예수 그리스도께서는 우리가 도움을 청할 때 필요한 도움을 주십니다.

기적의 손길

4장

난민의 여정

다음 두 이야기는 폭력을 피해 고향을 떠난 난민들에게 일어난 기적입니다. 하나는 시리아에서 하나님의 손길로 보호받은 난민 부부의 이야기이고, 또 하나는 베트남에서 도망치던 젊은이가 경험한 하나님의 자비에 관한 이야기입니다.

하나님이 보호해 주심

시리아 출신의 디알라는 2016년 갓 결혼한 남편과 함께
조국을 떠나며 기적을 경험했습니다.

"당신들이랑 나는 여기서부터 각자의 길을 가는 거요." 밀수업
자는 단호한 표정을 지으며 남편과 나에게 말했다. 당시 말렉과
나는 결혼한지 3개월 된 신혼부부였다.

"뭐라고요? 각자의 길이라니 무슨 말이죠? 우리가 합의한 건
그게 아닌데요." 말렉이 대답했다. "우릴 터키 국경 너머로 안내
하는 조건으로 돈을 드리는 거잖아요."

"이봐요. 지금까지 400km를 모시고 왔잖소. 남은 100km는 당
신들이 알아서 가시오. 간단해. 이 들판을 가로질러 다음 마을로
가면 된다고. 거기서 물어보면 케사브의 산길을 알려줄 거고, 그
길로 가면 터키 국경이요."

말렉과 나는 믿을 수 없는 그 상황에서 멍하게 그를 바라보았다.

"더는 당신들을 도와줄 수 없어. 알레포랑 라카에서 나를 기다

리는 고객들이 더 있다고. 날 믿으란 말이요. 이제부턴 위험할 일
이 없어. 피해야 할 장애물이 없다니까."

말렉과 나는 내키지 않았지만 주섬주섬 가진 돈을 거의 다 모았
다. 세간살이를 팔아서 마련한 돈이 대부분이었다. 밀수업자는 동
쪽으로 달리던 SUV를 잡아타고는 우리가 왔던 길로 되돌아갔다.

몇 시간 후면 해가 질 것이고, 밝을 때 그 마을에 도착하는 것은
불가능했다. 우리는 황폐한 빈 밭을 가로지르기 시작했다. 남아있
는 것은 혹독한 겨울에 냉해를 입은 작물의 죽은 잎과 가시뿐이었
다. 찔리거나 베어서 피가 나지 않으려면 발을 디딜 때 가시를 조
심해야 했다. 이윽고 해가 지자 우리는 들판에 가방을 내려놓고
얇은 담요를 펴고 앉아 쉬었다. 멀리서 들리는 들개들 짖는 소리
에 걱정이 되어 잠은 잘 수 없었다. 해가 뜨자 우리는 다시 조심스
레 걷기 시작했고, 멀리 보이는 마을로 다가갔다.

여덟 시간 후, 우리는 극도로 지치고 탈수상태가 된 채 마을에
도착했다. 밀수업자와 헤어지기 전 약 72시간 동안에도 우리는 제
대로 먹거나 마시지 못했다. 마을 아이들 몇 명이 멀리서 우리를
발견하고 물과 빵을 주며 맞아주었다. 아이들은 우리를 마을의 중
앙 광장으로 데리고 갔다.

"어디서 오는 길이요?" 마을 주민이 물었다. "라카에서 출발해서
2주 동안 여행했어요. 동행한 밀수업자가 있었는데 저 들판 너머에

기적의 손길

서 우릴 떠나버렸죠. 이제 케사브에서 산길로 터키 국경까지 가면 된다는군요. 우리는 시리아를 떠나야해요."라고 내가 대답했다.

"잠깐. 저 들판을 가로질러 왔다고??!!" 그는 눈을 크게 뜨고 물었다. 다른 마을사람들은 믿지 못하겠다는 듯 숨을 들이쉬더니 하늘을 향해 감사의 기도를 읊었다.

"저 들판에 무슨 문제가……있나요?" 말렉이 불안한 목소리로 물으며 겁에 질린 내 표정을 살폈다.

"저곳은 지뢰밭이라네, 친구. 한 3일 전에도 폭발이 있었지. 자네들이 도착하기 하루 전이었을 거야. 그래서 밀수업자가 자네들을 떠난 거네. 그곳이 위험한지를 알고 말일세. 자네들이 그곳을 무사히 건너다니 믿을 수가 없구면!! 요즘은 우리 마을에 외지인들은 거의 못 오지. 지뢰 때문에. 자네들은……예외야. 기적이라고 말할 수밖에 없군!"

말렉과 나는 떨면서 서로 끌어안았다. 나는 공포와 감사함을 동시에 느끼며 흐느꼈다. 마을사람들은 따뜻하고 관대했다. 그들은 우리가 쉴 곳과 음식을 내주었고, 우리는 터키로 가는 나머지 여정을 감당할 기운을 차릴 수 있었다. 터키로 가는 길은 몸이 고된 길이었지만 우리가 앞서 지나온 여정에 비하면 훨씬 덜 위험했다. 터키에 도착하자 우리는 다음 밀수업자들과 만났고 안전한 곳으로 안내를 받았다. 하나님은 우리의 여정의 모든 단계를 살펴 주시고 신성한 보호를 받도록 축복해주셨다.

안전을 향한 탈출

1980년대에 베트남을 탈출하여 미국으로 온 민 헨리 판이
그 과정에서 겪은 많은 기적들을 이야기합니다.

나는 1964년 베트남에서 태어났고 어린 시절 달랏에서 살았다.
달랏은 베트남 남부 중앙 고원지대의 아름답고 평화로운 도시다.
(남지나해에서 서쪽으로 약 80km, 호치민시티(사이공)에서 300km 북동쪽
에 위치한다.) 평화로운 도시라고 부르기는 했지만, 그리고 "영원한
봄"의 도시로 알려져 있긴 하지만, 달랏도 베트남 전쟁 동안은 평
화로운 곳이 아니었다. 어린시절 나는 북베트남과 남베트남의 군
대가 싸우는 모습을 직접 보았다. 북쪽에서 온 포병부대가 정글에
서 쏜 포탄들이 시끄럽게 하늘을 가르고 우리 마을에 떨어져서 무
고한 남자와 여자와 아이들이 죽었다.

1968년 구정 대공세 동안 길거리에서 벌어진 치열한 전투도 직
접 보았다. 당시 우리 가족은 이웃집의 콘크리트 바닥 아래 파 놓
은 땅굴에 피신해 있었다. 구정 대공세가 끝나자 남베트남군은 자
신들의 승리를 보여주기 위해 우리집에서 가까운 길거리에 피투

기적의 손길

성이가 된 북베트남 병사들의 시신을 늘어놓았다.

1975년 북베트남이 남부를 장악하면서 전쟁은 마침내 끝이 났다. 우리 모두 평화를 바랐지만, 통일에 대한 약속에도 불구하고 평화는 빨리 돌아오지 않았다. 남베트남을 장악한 후 북베트남은 남쪽 사람들을 응징하기 위해 복수하는 정책들을 도입하기 시작했다. 남베트남 군인들 수백만 명이 수용소로 보내져서 강제노동, 재교육, 고문, 처형을 당하고 단지 포로이기 때문에 여러 해 동안 억류되었다. 다른 수백만 명은 교외와 정글로 강제이주 시켜서 "신경제지역"을 조성하게 했는데, 북베트남의 이익을 위한 농장을 건설하는 일이었다. 정치적 권리, 고용, 교육, 삶의 질에 있어서 남베트남인들을 차별하고 북베트남인에게 유리한 정책들이 실행되었다.

그 결과 많은 남베트남인들은 신변의 위협을 느꼈고, 북베트남 정권 아래에서 기존에 누리던 삶의 질을 잃을 것을 두려워했다. 많은 이들이 배로 고국을 떠나거나 걸어서 캄보디아를 가로질러 태국으로 가고자 했다. 북베트남이 국가를 장악한 후 20년 동안 2백만 명 이상이 고국을 떠나 난민이 되어 태국, 말레이시아, 필리핀, 미국, 또는 다른 곳으로 갔다. 많게는 백만 명 정도가 목적지에 도달하지 못하고 중간에 목숨을 잃은 것으로 추정된다.

1975년 북베트남이 나라를 장악했을 때 나는 열한 살이었다.

아버지는 남베트남군 대위였지만 부상으로 인해 전쟁이 끝나기 10년 전에 제대했다. 그 후로 아버지는 대학을 졸업하고 교사가 되었다. 나와 네 명의 형제자매들은 사랑이 많은 부모님이 계시는 훌륭한 가정에서 자랐다. 그러나 전쟁이 끝난 후 우리는 가난했고 매일이 살아남기 위한 투쟁이었다. 열한 살 소년이었던 나는 농사를 배웠고 식구들을 위해 정글에 들어가서 나무를 해오느라 거의 매일 10km를 걸었다. 나무를 하지 않는 날은 새벽 4시에 일어나 시장에 가서 물건을 팔고 그 다음 학교에 갔다.

여전히 학교에 다니기는 했지만 당시 나라의 교육제도는 우리를 충성스러운 공산당 당원으로 키워내는 것이 목적이었다. 수학, 쓰기, 읽기, 과학에 더하여 우리는 정치 이론과 군사 수업을 받았다. 청소년 공산당 모임에 참여하고 마르크스와 레닌의 이론 및 베트남 공산당의 역사를 배워야했다. 우리는 가족과 친척들을 감시하고 공산당에 반대하는 행동을 보고하라고 배웠다. 6학년에서 12학년까지는 매년, 한달 간의 군사훈련을 받으며 참호 파는 기술, 땅굴 속에서 싸우는 법, 사격 및 수류탄 던지기를 배웠다.

교사인 아버지는 교육의 가치를 알았고, 우리가 어디서 살든 좋은 교육을 받는다면 더 나은 삶을 살 수 있다고 믿었다. 아버지는 우리에게 학교에서 최선을 다해서 사회의 지도층이 되라고 가르쳤다. (당시에는 북베트남 출신이어야 고등교육을 받기가 쉬웠음에도 말이

기적의 손길

다.) 아버지는 우리가 좋은 교육을 받고 가능하다면 나라를 떠나기를 바라셨다. 고등학교를 졸업한 후 나는 의과대학 입학시험에 합격했다. 남베트남 군인 가족인 나의 배경을 고려하면 놀라운 일이었다. 이런 경우 보통 대학에서 자동으로 입학을 거부하기 십상이었기 때문이다.

나는 의과대학에서 2년 동안 공부했다. 1983년 어느 날 우리 가족은 1978년에 베트남을 떠나서 난민 자격으로 미국에 정착한 삼촌으로부터 편지를 받았다. 편지는 베트남 정부의 검열을 받았고 우리가 미국에 친척들이 있다는 사실이 밝혀졌다. 베트남은 미국을 여전히 적국으로 간주했으므로 우리 가족은 "반동"으로 분류되었다. 집에 편지가 도착하고 곧이어 나는 의과대학의 정치 담당관에게 불려갔고 미국에 친척이 있다는 이유로 퇴학처분 한다는 통보를 받았다. 그는 나의 모든 신분증을 가져갔고, 나는 그날부터 교실에 들어갈 수 없었다. 슬프고, 두렵고, 불안했다. 베트남 국민이라는 신분증이 없으면 언제든 감옥에 들어가거나 캄보디아 전선에 투입될 수 있었기 때문이다. 당시에 베트남은 캄보디아와 전쟁 중이었다.

대학에 다니는 동안 나는 사이공에 있는 삼촌 댁에서 살았고, 퇴학을 당한 후에도 그곳에 머물렀다. 어려웠던 당시에 나를 돌보고 보호해주신 삼촌과 숙모를 사랑하고 감사하게 생각한다. 베트남을 떠날 생각을 처음 했던 곳도 삼촌 댁이었다. 내 나라에서 국적을 박탈당했으니 언제든 구금되거나 징병될 수 있었으므로 베트남을 떠나는 것이 유일한 길이라고 느껴졌다. 허나 나는 탈출을 도와줄 코요테(밀수업자)에게 줄 돈이 없었다. 시도하다 죽는 것은 두렵지 않았으나, 여행을 시작할 방편도 없는 것이 문제였다. 나는 베트남을 탈출할 방법을 찾게 해주시라고 하나님께 매일 기도하기 시작했다.

어느 날, 나는 사이공에 사는 이모 댁을 방문했는데, 내가 거기 있는 동안 이모의 사위가 찾아왔다. 그는 나에게 가겠냐고 물었다. "어디요?" 내가 물었다. 나는 그가 가까운 가게에 가서 음료수를 마시자는 줄 알았다. 그는 배로 나라를 탈출한다고 대답했다. 언제냐고 묻자, 그는 마음을 정하고 떠날 준비를 하는데 15분 주겠다고 대답했다. 충격이었다. 300km 떨어진 달랏에 사는 우리 가족은 고사하고, 신세지고 있는 삼촌과 숙모에게 소식을 전할 시간도 없었다. 그는 나에게 돈을 낼 필요도 없다고 했다. 그가 자기 남동생을 위해 이미 코요테에게 금으로 여비를 지불했는데, 동생이 마지막 순간에 가지 않기로 결심했다는 것이다. 나는 망설이지 않고, 그와 하나님께 감사하며, 가겠다고 대답했다.

나는 그의 스쿠터 뒷자리에 타고 달렸다. 가져갈 것도, 잃을 것도 없었다. 이모는 나에게 금반지를 하나 주며 끼라고 하셨다. 여

기적의 손길

행 중에 위험이 닥치면 사용하라 하신 그 금반지는 이모가 가진 유일한 금이었다. 우리는 두 시간을 달려서 메콩강 삼각주로 갔다. 코요테는 비밀 장소에서 우리를 만났다. 우리는 그와 함께 메콩강의 어느 지류를 따라 두 시간을 더 걸었다. 걷는 동안 강물이 가슴까지 차는 곳도 있었다.

우리는 강 주변 정글 안의 정해진 곳에 다다랐다. 그곳에서 우리는 하루를 지내며 다른 코요테들이 데려오는 사람들을 기다렸다. 1985년 10월 26일로 기억한다. 그날 밤 작은 배가 와서 사람들을 모두 태우고 메콩강 본류로 데려가서 좀더 큰 배에 옮겨 타게 했다. 말소리를 얼핏 들으니 우리는 아직도 이 배에 실을 휘발유를 가져오는 다른 배를 기다리는 중이었다. 장거리 항해에 필요한 보급품이었다.

정부 정책에 따르면 배가 소량 이상의 휘발유를 운반하는 것은 불법이었다. 정해진 분량 이상을 운반하면 밀수로 간주되었다. 우리는 3시간을 더 기다렸고, 한밤중이 되자 휘발유를 실은 작은 배가 도착했다. 어둠 속에서 사람들이 휘발유 몇 통을 우리 배로 옮겨 실었다. 다투는 소리가 들리더니 잠잠해졌다. 우리 배는 시동을 걸고 빠른 속도로 하류를 향해 갔다. 나와 내 친척과 탈출하려는 다른 사람들은 배 바닥에 있었다. 빛이 전혀 들지 않았으므로 우리는 서로 볼 수 없었다. 전부 몇 명인지도 알 수 없는 사람들이

비좁은 공간에 서로 끼여 앉아 있었다. 배는 빠른 속도로 약 다섯 시간을 달렸다. 총소리가 몇 번 들렸고 이상한 소음도 들렸지만 무슨 일이 일어나는지는 알 수 없었다.

다음날 아침, 한 남자가 선실 문을 열고 우리가 바다로 나왔지만 아직 베트남 영해라고 말했다. 그는 아직 위험한 상태이며 붙잡히면 우리는 죽임을 당할 거라고 했다. 입구에서 들어오는 햇살을 느끼며 우리는 모두 신선한 공기를 들이마셨다. 낮에 보니 배는 바다를 항해하기엔 상당히 작았고 크기에 비해 너무 많은 사람이 타고 있었다. 배 바닥의 너비는 한 사람 키 정도밖에 되지 않았다. 우리는 배 바닥에 머무르고 움직이지 말라는 명령을 받았다. 전날 밤부터 몹시 배고프고 목이 말랐지만, 배고픔이 익숙했으므로 참을 만했다. 곧 문이 닫혔고, 우리는 다시 어둠 속에 남겨졌다.

약 일곱 시간 후, 우리 모두 신선한 공기와 물과 음식이 몹시도 필요한 때에 문이 다시 열렸다. 지난번과 같은 남자가 내려와서 이제 우리가 공해에 있으며 베트남 보안군으로부터 안전하다고 말했다. 오후 2시경이었는데, 우리는 모두 갑판으로 나와도 된다는 허락을 받았다. 각 사람은 자몽 반 개를 받았다. 살면서 그렇게 맛있는 식사는 처음이었다! 나는 조용히 하나님께 감사의 기도를 드렸다.

마침내 나는 배 위의 다른 사람들과 주변 풍경에 주의를 돌릴 수 있었다. 이 작은 배에 23명이 타고 있었다. 사실 괜찮은 수였다. 나중에 들으니 어떤 배는 100명 가까이 태우기도 했다. 우리 배의 길이는 약 15미터, 너비는 2미터 정도였다. 배의 뒤편엔 자몽이 잔뜩 실려 있었다. 선주는 이 배가 메콩강을 오르내리며 과일을 파는 용도이고, 넓은 바다용으로 만들어지지 않았다고 했다. 뱃머리에는 20리터 휘발유통 열 개가 실려 있었다. 배에는 살아 있는 수탉도 두 마리 있었다.

알고 보니 지난밤의 말싸움은 선주와 휘발유를 실어온 작은 배 주인 사이에서 일어난 소동이었다. 이 배의 선주는 바다에서 배를 몰아본 경험이 없었기 때문에, 작은 배에서 휘발유통을 모두 옮겨 싣고 나자 도끼로 작은 배를 망가뜨리고 배를 몰고온 사람을 납치했다. 납치된 사람은 선주의 친구인데 바다 항해를 해본 사람이었다. 또 알게 된 사실은 간밤의 총소리가 베트남 보안군이 낸 소리였다는 것이다. 우리 배가 강 하류로 내려가는 것을 보고 멈추라고 명령했는데 듣지 않자 총을 쏜 것이었다. 보안군들을 마주친 것은 밤이 늦은 시간이었고, 그들이 우리를 추적하지 않은 것은 행운이었다. 또 다른 큰 소음은 선주가 엔진 하나를 바다에 던져 버리는 소리였다. 바다에 도착한 이상 그 엔진은 더 필요가 없었기 때문이었다. 배에는 나침반이 없다고 했다. 그래서 해와 별의 위치에 의지해서 배를 몰았다.

선주는 바다로 더 멀리 나가기로 했다. 우리는 하루 종일 더 먼 바다로 나아갔다. 그 지역에서 태국 해적들의 공격을 피하기 위해서였다. 태국 해적들이 베트남 보트피플을 노린다는 사실은 널리 알려져 있었다. 베트남을 탈출하는 사람들이 금과 다이아몬드와 미국 달러 같은 값진 소유물을 몸에 지니고 온다는 사실을 해적들이 잘 알았기 때문이다. 해적의 공격을 받으면 귀중품을 모두 빼앗기고, 여자들은 납치와 강간에 이어 노예로 팔렸다. 반항하는 사람은 죽임을 당하는데, 보통으로 남자들은 거의 살해당했다. 마지막으로 해적들은 범죄의 증거를 없애기 위해 배를 가라앉혔다. 해적들의 대부분은 태국 어부 출신으로, 이익을 위해 해적질을 선택한 자들이었다. 먼 바다로 나가는 결정은 해적을 피하기 위해서지만, 동시에 여행은 더 길고 위험해졌다.

바다에서 보낸 첫 사흘 동안 가장 힘든 것은 갈증이었다. 다행히 매일 자몽을 조금씩 먹으며 생존에 필요한 수분을 얻었다. 배에 탄 23명 중 1/3은 열 세 살 미만의 어린이들이었다. 아이들과 여자 셋은 탈수와 허기, 낮의 더위와 밤의 추위로 기진맥진했다. 모두 뱃멀미로 고생했고, 한 아이는 한동안 의식을 잃기도 했다.

외국 화물선이 우리를 지나쳐간 적이 몇 번 있었다. 손을 흔들고 소리를 치며 구출해 주길 바랐지만, 우리를 무시하고 지나갔다. 넷째 날 늦은 오후, 파도가 높아지고 사방이 검은 구름이었다.

기적의 손길

폭풍이 오고 있었다. 동시에 멀리서 불빛들이 나타났고, 우리는 그것이 육지라고 생각했다. 곧 안전한 곳에 도착할 거라는 기대에 부풀었다. 그러나 다가가면서 알게 된 불빛의 정체는 한 무리의 어선들이었다. 우리도 불을 밝히고 있었으니 그들이 우릴 보았음이 분명했다. 그들은 대열을 벌리더니 우리에게 다가왔다. 바람은 거세지고 비가 내리기 시작했다.

그 순간 우리 배의 주인은 그 배들이 아마도 태국 해적들이고 지금 우리를 공격하려고 대열을 벌려서 다가오는 것임을 깨달았다. 선주는 재빨리 배를 모는 사람에게 방향을 돌려서 최고 속도로 도망가라고 명령했다. 우리 배는 큰 어선들보다 훨씬 작았기 때문에 더 민첩하게 움직일 수 있었다. 선주는 배에 탄 남자들에게 모두 힘을 합쳐서 캔버스 천을 배 위에 덮으라고 했다. 그렇게 하면 공기의 저항을 줄여서 더 빨리 탈출할 수 있을 것이었다. 우리는 모든 불을 끄고, 어디로 가는지도 모른 채 최대한 빠른 속도로 도망쳤다.

바람은 더 세지고, 비도 더 굵게 쏟아졌다. 바다가 우리 배를 롤러코스터에 태운 듯 위아래로 흔들었고 그렇게 심한 뱃멀미는 처음이었다. 어쨌든 폭풍우는 축복이었다. 폭풍이 거세지자 해적들이 우릴 공격하길 멈췄기 때문이다. 배에 캔버스 천을 덮었으니 모두들 배 바닥으로 내려가 있어야 했다. 오직 선주와 배를 모는 사람만 갑판 위에 남아있었다. 나와 다른 한 사람이 번갈아 양동이로 배 바닥에서 물을 퍼냈다. 밤새 그 좁은 공간에 불편한 자세로 있으며 멀미를 하느라 극도로 지쳤다. 폭풍우는 세 시간 정도 지속되다가 멈췄다. 지금까지 중에서 가장 두려운 세 시간이었지만, 우린 살아남았다. 우리는 모두 감사한 마음이었고, 하나님께 조용히 기도를 드렸다.

다음날 아침 바다는 잠잠했고, 우리는 갑판 위로 나왔다. 바다는 어둡고 검은 색이었고 파도는 전혀 없었다. 평평하고, 조용하고, 무시무시한 바다였다. 그렇게 시커먼 보라색을 띤 바다는 본

기적의 손길

적이 없었다. 우리는 엄청나게 깊은 바다 위에 있는 것이 분명했다. 가끔 가라앉은 배의 잔해로 보이는 나무조각들이 떠가는 것도 보였다. 탈출하려던 다른 난민들의 흔적으로 느껴졌다. 해를 기준으로 생각하니 남쪽으로 몇 시간 더 내려왔다. 배에 실은 휘발유의 3/4을 써버렸다. 배를 몰던 사람은 더 멀리 가기엔 휘발유가 부족한 것을 인식하고 서쪽으로 방향을 틀었다. 말레이시아나 싱가폴 해안에 닿기를 바랐지만, 최악의 경우 태국에 도착할 수도 있었다.

우리는 낮이 다 지나고 밤이 될 때까지 서쪽으로 나아갔다. 베트남을 떠난 지 다섯째 날 저녁 6시 즈음 멀리 도시처럼 보이는 밝은 불빛들이 보였다. 우리는 육지를 발견하고 너무나 행복했다. 즉시 불빛을 향해 나아갔다. 태국 해적들이라면 우리 운명은 거기서 끝이다. 불빛에 도달하는 데는 6시간이 걸렸다. 다가가서 보니 싱가폴 연안의 유정이었다.

남은 음식도 휘발유도 거의 없었으므로 그곳 사람들이 우리를 구출해주기만 바랐다. 해양 시추 플랫폼의 다리에 있는 정박시설에 우리 배를 묶자 남자들 몇 명이 계단으로 우리 배에 내려왔다. 우리는 구출될 생각에 흥분했다. 나는 영어와 불어를 조금 할 줄 알았고, 내 친척도 영어, 불어, 중국어를 조금 했다. 안타깝게도 그들은 우리 말을 이해하지 못했고, 우리도 그들의 말을 알아들을 수 없었다. 그러자 그들은 다른 사람을 내려오게 했고, 그는 종이와 연필을 가지고 와서 우리와 불어로 이야기했다. 내가 나서서 서툰 불어로 이야기를 하고 그림도 그리면서 우리가 베트남에서 배로 탈출한 사람들임을 알렸다. 음식도 휘발유도 다 떨어졌고, 구조가 절실하게 필요하며, 우리 대부분이 아프다고 설명했다.

그들은 잠시 논의를 한 뒤 우리를 구조하기를 거절했다. 이유는 알 수 없었다. 우리는 바다로 돌아갈 일에 낙심했다. 그러나 그들은 물과 빵, 치즈, 통조림과 휘발유를 나눠주었고, 우리가 가야 할 방향을 그린 지도와 작은 나침반도 주었다. 그들이 알려준 바에 따르면, 서쪽으로 이틀을 가면 말레이시아 해안에 닿을 수 있었다. 시추시설을 떠나는 우리의 마음은 슬프고, 행복하고, 걱정스러웠다. 구조를 거절당해서 슬펐고, 물과 음식과 기름을 얻어서 계속 나아갈 수 있으니 행복했으며, 앞으로 어떤 일이 있을지 알 수 없어서 걱정이 되었다. 해적을 만날 수도 있고, 폭풍우에 배가 가라앉을 수도 있고, 예상치 못한 어떤 위험이 우릴 기다릴지 아무도 몰랐다.

우리는 다음날 또 한 차례의 폭풍을 만났고 살아남았다. 베트남을 떠난 지 7일째 되는 날 우리는 멀리 등대를 발견했다. 육지가 가깝다는 뜻이었으므로 모두들 매우 기뻐했다. 그때는 한밤중이었고, 연안에 도착하는데 다섯 시간이 더 걸렸다. 해안 가까운 곳

기적의 손길

의 파도는 강하고 위험했다. 우리는 해안을 따라 내려가며 마을을 발견하고 그리로 향했다. 우리는 뭍을 향해 손전등을 흔들었다. 그러자 총성이 몇 발 울렸다.

아직 어두웠고, 해안에서 손전등 여러 개가 우리를 향해 흔들리는 것이 보였다. 총성이 들렸으므로 우리는 겁이 났고 바다로 돌아가고 싶었다. 다시 바다로 향할까 망설이는 도중에 해변에서 신호탄을 몇 발 쏘아 올려서 우리 배를 비췄다. 그들은 계속 손짓으로 우릴 가까이 오라고 불렀다. 신호탄이 번쩍이며 우리도 그들을 보았는데, 총을 든 군인들이었다. 그들이 우릴 구조하려 한다고 믿으며, 우리는 배를 해안으로 다시 붙였다.

우리 배가 해안으로 다가가는 동안 천천히 해가 떴다. 뭍이 약 50미터 남은 지점에서 배 바닥이 암초에 닿아 움직이지 못하게 되었다. 파도 때문에 배가 옆으로 기울었고, 우리는 혹 배가 뒤집히면 그 안에 갇히지 않으려고 물에 뛰어들어야만 했다. 물은 깊었고 아이들은 울기 시작했다. 우리는 여자와 아이들을 도와서 뭍으로 헤엄쳤다. 해안에 있던 군인 몇 명이 우리를 향해 헤엄쳐왔다. 그들은 어깨에 밧줄을 걸고 다가와서 우리를 해변으로 끌어주었다.

우리가 배에서 내린 곳은 말레이시아 파항 주의 쿠안탄 시였고, 그들은 우리를 난민으로 받아주었다. 우리는 하나님께 참으로 감사했다. 목숨을 구했을 뿐 아니라 이제 안전했다! 쿠안탄에서 한

주를 머무른 후, 우리는 유엔 난민기구에서 설립한 난민수용시설이 있는 풀라우 비동 섬으로 이송되었다. 배로 탈출한 난민들이 다른 나라에 정착할 허가를 받기까지 기다리는 곳이었다.

나는 1제곱킬로미터 크기인 풀라우 비동 섬에서 4개월을 머물렀다. 이 섬은 폭력을 피해 고향을 떠난 그 지역 사람들을 위한 주요 난민 시설이었다. 어느 시점엔 섬에 수용된 인원이 4만2천 명에 달했다. 날마다 물과 음식이 배로 도착했다. 국가마다 허용하는 난민의 수보다 더 많은 사람들이 도착했거나, 필요한 절차가 진행되는 속도가 빠르지 못했는지도 모른다. 결과적으로 난민의 수가 넘쳐나서 위생 문제가 붉어지고 질병의 온상이 되었다. 나는 운 좋게도 건강을 유지했고 다른 난민들과 평화롭게 지냈다. 재배치 절차에서 낙오되고 싶지 않았으므로 나는 수용소의 모든 규칙을 준수했다.

어느 나라에서 나를 받아줄지 알 수 없었으므로 여러 나라의 말을 배우려고 노력했다. 내 친척은 캐나다에서 받아주어 나보다 한 달 먼저 수용소를 떠났다. 우리 배의 주인은 형이 영국에 살고 있었으므로 영국으로 가게 되었다. 나는 미국 대표단의 인터뷰를 거쳐서 미국에 정착하게 되었다. 아버지가 베트남 전쟁 당시 미국의 우방인 남베트남군 장교였기 때문이었다. 또 버지니아에 살고 계신 이모가 나를 후원하겠다는 서류를 제출해 주셨다.

기적의 손길

나는 풀라우 비동 섬에서 말레이시아의 수도인 쿠알라룸푸르로 이송되었다. 그곳의 임시 수용소에서 두 달을 지내며 미국으로 가는 난민에게 필요한 모든 서류를 갖추었다. 그 다음 나는 필리핀의 바탄 난민 배치 센터로 보내졌고, 그곳에서 영어와 문화를 비롯해 미국에 도착하기 전 난민이 배워야 할 기본 교육을 받았다.[4] 바탄 센터에 있는 동안 우리는 최종 심사와 건강검진을 받았고, 영어와 미국 문화를 배웠다.

내가 버지니아에 도착한 날은 1986년 10월 26일로, 베트남을 떠난 지 정확히 1년이 되는 날이었다! 아름다운 가을날 이모는 나를 공항에서 픽업해 주셨다. 이모와 이모부는 나를 환영해 주셨고, 겸손한 마음가짐으로 법을 지키며 열심히 일하고 좋은 교육을 받는 것이 중요하다고 가르쳐 주셨다. 지금까지 나는 30년 넘게 미국에서 살면서 결혼하여 가족을 이루었고 치과의사로 일해 왔다.

나는 베트남에서 도움을 청하는 나의 기도를 들어주신 하나님께 감사하다. 내가 탈출하도록 도와주시고, 바다 한 가운데에서

---

4   바탄 산지에 위치한 난민 배치 센터는 마닐라에서 버스로 약 3시간 거리에 있었다. 이 시설은 1980년에 설립되어서 1995년까지 운영되었다. 베트남, 캄보디아, 라오스 등을 떠나온 40만 명 이상의 난민들이 이곳을 거쳐갔다. 거의 대부분 이미 미국에 정착해도 좋다는 허가를 받은 후였고, 필리핀, 말레이시아, 태국, 홍콩, 인도네시아의 다른 수용소에서 수개월 또는 수년간 생활했던 사람들이었다.

해적, 폭풍우, 질병과 기아로부터 나와 일행을 보호하여 주셨음에 감사하다. 나는 하나님의 모든 친절한 축복에 감사하고, 나와 수많은 다른 이들이 안전하도록 도와준 모든 사람들, 기관, 나라들에 감사하다. 나를 환영해주고, 성장하고, 공부하고, 일하고, 가정을 이룰 기회를 준 미합중국에 특별히 감사하다. 나는 나의 새 조국을 사랑한다. 또한 나는 하나님 아버지와 그의 아들 주 예수 그리스도를 사랑하고 그분들께 감사하다. 나는 그분들이 우리의 기도를 들으시며, 크고 작은 기적을 통해 매일 응답을 주심을 안다. 우리를 향한 그분들의 사랑은 끝이 없다.[5]

---

5 민에게 일어난 또 하나의 기적은 1993년에 그가 자신의 어머니, 아버지와 미국에서 다시 만나게 된 일이다. 그가 버지니아에 도착한지 7년 만의 일이었다.

기적의 손길

5장

위험에서 구조됨

다음 이야기는 뉴욕의 거리에서 천사의 구조를 받은 어린 소녀의 이야기입니다. 그 다음은 제2차 세계대전 당시 필리핀에서 보호를 받은 가족의 이야기입니다. 세 번째 이야기는 생명을 위협하는 폭풍우를 만난 배 안에서 한 중국인 남자가 드린 간절한 기도에 관해 들려주며, 마지막은 어느 한국인 학생이 하나님의 도움으로 생명을 구한 이야기입니다.

뉴욕 거리의 천사들

마리아가 열 한 살이던 1980년대에 뉴욕시에서
자신에게 일어난 기적을 이야기합니다.

여러 해 전, 내가 열 한 살일 무렵, 뉴욕의 거리에서 나에게 기적이 일어났다. 나는 벨뷰 병원 가까이에서 친구를 만나고 맨해튼의 남동부 지역을 걷고 있었다. 10월 초의 공기는 시원하고 상쾌했고, 나는 1번가를 따라 걷고 있었다. 나는 빠르게 움직였고, 머릿속은 그날 하고싶은 여러가지 일들을 생각하느라 분주했다. 도시는 생기가 넘쳤고, 거리의 인파와 자동차와 버스들도 바쁘게 움직였다. 택시들은 경적을 울리며 손님을 목적지에 내려주고 다음 손님을 태우기 위해 서둘렀다. 사람들은 이리저리 길을 건너며 걸음이 분주했다.

차들과 사람들의 교향악 속에서 나는 길을 건너기 위해 차도로 내려섰다. 나는 신호등이 빨간색인 것을 의식하지 못했고, 스스로 큰 위험에 뛰어든 셈이었다. 갑자기 부시시한 다갈색 머리의 남자가 내 옆에 섰다. 키가 꽤 크고 청바지와 티셔츠 차림이었다. 그의 목소리는 따뜻하고 친절해서 나는 그의 옆에 있는 동안 마음이 편안했다. 그는 나와 함께 길을 건너고는 사라졌다.

길의 반대편에 선 나에게 방금 일어난 일이 현실적으로 다가왔다. 나는 죽을 수도 있었다! 어찌된 일인지 그 남자가 절묘한 시간에 나타나서 길을 건너는 나를 보호해주었다. 그는 누구였을까? 어디서 온 걸까? 왜 나를 도와주었을까?

나는 집으로 달려가서 엄마에게 있었던 일을 이야기했다. 엄마는 우선 길을 건널 때 조심하지 않은 점을 혼냈다. 그 다음은 낯선 사람과 말을 나눈 것을 나무랐다. 그 다음엔 나를 품에 안고 조용히 흐느끼며 하나님께 나를 보호해 주셔서 감사하다고 이야기했다. 오늘까지도 나는 주님께서 그날 뉴욕의 거리에 그의 천사들 중 하나를 보내셔서 내 생명을 구해주신 점을 감사하게 생각한다.

기적의 손길

마닐라의 기적

닐다 앙헬레스가 1945년 마닐라 전투에서
안전하게 탈출한 어머니의 이야기를 들려줍니다.

제2차 세계대전이 막바지에 다다를 무렵 미국의 더글라스 맥아
더 장군은 필리핀을 해방시키고 마닐라 시민들에게 자유를 찾아
줄 준비를 했다. 1945년 초 마닐라 전투(1945년 2월 3일 ~ 3월 3일)
가 시작된 직후 마닐라의 인구는 약 백만이었다.

맥아더 장군은 민간인 희생을 줄이기 위해 공습을 제한적으로
만 허용하며 마닐라 수복 작전을 시작했다. 하지만 도시를 사수하
려는 결의에 찬 이와부치 해군 소장의 저항이 강해지자 공습과 폭
격이 더 필요했고, 원래의 정책을 수정했다. 위험한 마닐라를 떠
나는 길목은 모두 일본군이 가로막았고, 도시를 방어하려는 목적
으로 대부분의 다리도 파괴했다.

따라서 마닐라 시민의 대부분은 두 군대가 서로 발포하는 사이
에 갇혀버렸다. 마닐라 시민들에게 결과는 참혹했다. 민간인 사상
자는 10만에서 25만, 또는 도시 인구 전체의 1/4로 추정되었다.

일본군이 받는 공격이 심해질수록 일부 군인들은 남녀노소를 가리지 않고 주민들을 가혹하게 공격했다.

이렇게 전투가 계속되는 마닐라에서 스무 살의 아가씨인 과달루페 산토스는 기도로 도움을 간구했다. 필리핀이 일본에게 점령당한 기간 동안 과달루페는 일본어를 배웠다. 그녀는 신앙이 독실하고 용감했으며 가족을 안전한 곳을 데려가려는 결의에 차 있었다. 가족 중 몇 명은 전쟁 중에 사망했다. 그녀는 할 수 있는 한 남은 가족들을 모았다. 그들은 함께 기도를 했고, 그녀가 앞장서서 함께 도시를 빠져나갈 검문소로 향했다. 허가를 받지 않고 검문소

기적의 손길

에 다가가면 즉각 사살될 수도 있었다.

일행이 검문소를 향해 가는 동안 과달루페는 가족들의 맨 앞에 서서 걸었다. 그녀도 가족들도 두려웠다. 검문소로 다가가는 발걸음마다 긴장은 더 고조되었다. 병사들은 총을 들어올리며 그들에게 멈추라고 명령했다. 과달루페와 가족들은 걸음을 멈추고 서서 공손하게 머리를 숙여 인사를 했고, 과달루페는 유창한 일본어로 이야기를 했다. 그러자, 정말 놀라운 기도의 응답으로, 담당 장교가 자기 총을 내리더니 다른 병사들에게 문을 열도록 했고 과달루페 가족은 자유와 안전을 찾아 도시를 떠날 수 있었다!

과달루페의 말 덕분일까, 병사들이 친절을 베푼 것일까, 아니면 하나님의 개입이 있었던 것일까? 어쩌면 그 셋이 모두 맞는지도 모른다. 과달루페와 가족들은 눈물을 머금고 고개 숙여 존중과 감사를 표한 후 마닐라를 떠나 안전한 필리핀의 농촌 지역으로 들어갔다. 연민의 은사였고, 기적이었다! 도시를 벗어난 후 과달루페와 가족들은 무릎을 꿇고 하나님께 감사의 기도를 드렸다! 전쟁이 끝난 후 과달루페는 곧 마닐라로 돌아왔고, 그곳에서 결혼하고 아름다운 가족을 이루었다. 그녀는 94세가 될 때까지 길고 충만한 삶을 살았다. 세월이 흐르는 동안 과달루페는 마닐라 전투 때 안전하게 도시를 탈출하도록 하나님께서 베풀어 주신 기적에 관해 종종 이야기했다.

거친 바다에서 구조되다

데이비드 청[6]이 1970년대 홍콩에서 가족을 부양하기 위해 힘겹게 일했던 자신의 아버지 장 나이창에게 일어난 기적을 이야기합니다.

이 이야기는 중국에서 태어나 자라면서 혼란스러운 1930~40 년대를 경험한 소년의 이야기이다. 그동안 중국은 내부로는 군벌들의 세력다툼에 시달렸고, 이어 영토의 일부를 일본이 점령하여 제2차 세계대전이 끝날 때까지 강점기가 계속되었으며, 그 후에는 내전을 겪으며 중화인민공화국이 탄생했다.

나이창은 1938년 텐진에서 가까운 작은 마을에서 태어났다. (텐진은 북경의 남동쪽에 위치한 주요 항구도시이다.) 그의 마을은 여러 세대 전인 1401년에 장이라는 성을 가진 그의 조상들에 의해 세워졌다. 그의 이름인 나이창은 "강하다"는 뜻이었다. 성과 함께 그의 이름은 "장은 강하다"라는 문장이 되었는데, 실제로 그는 동시대 사람들에 비해 몸집이 크고 힘이 셌다.

---

6 청(Cheung)은 광동어의 영어 표기이고, 장(Zhang)은 표준 중국어의 영어 표기이다.

나이창은 비교적 유복한 집안에서 태어났다. (그 뒤로 수많은 문제
가 닥쳤고, 그런 문제는 당시 흔한 일이었지만 말이다.)

나이창은 가족들 중 막내였다. 형이 둘, 누나가 둘 있었고, 영아
기에 죽은 형제들이 둘 더 있었다. 형제들 중 첫째와 막내는 나이
차가 20년 이상이었다. 그래서 그와 가장 친한 친구 중에는 조카
도 있었다. 큰누나의 아들인 이 조카는 나이창보다 한 살이 많았
다. 형들과 누나들, 사촌들과 조카들 틈에서 그는 자연스레 응석
받이에 제멋대로인 아이로 자랐고 고집도 셌다. 어머니는 그의 일
상에 세세히 관여하지 않았으므로, 그는 몇 살 많은 누나와 특히
가깝게 지냈다. 누나는 어린시절 그를 돌봐 주었고, 여덟 살 때 아
버지가 결핵으로 돌아가시기 전까지 그의 삶에는 아무 근심도 없
었다. 결핵은 당시 흔한 병이었다. 아버지의 죽음은 겨우 3년 후
어머니의 죽음으로 이어졌다. 그 즈음 중국은 공산당이 장악한 후
였다.

부모님의 죽음이라는 가정 안의 큰 변화와 정치적 혼란으로 인
해 나이 창에게 닥칠 문제는 앞으로도 많았다. 톈진은 20세기 초
중요한 산업 도시였고 중국 북부의 주요 항구였으므로 주민의 많
은 수가 대양을 왕래하는 화물선 관련 일을 했다. 공산당이 세력
을 결집하고 정부를 세우는 동안, 공산당 정부를 두려워하거나 반
대하는 많은 이들이 홍콩으로 도망했다. 홍콩은 당시 영국의 지배

를 받고 있었다. 나이 창의 큰형과 같은 일부 사람들은 홍콩에 도착하자 배를 떠나서 영국 식민지에서 새 삶을 꾸리기를 시도했다.

중국의 오랜 전통은 부모가 돌아가시고 나면 어린 동생들은 장남의 책임이 되고, 그가 동생들의 아버지 역할을 해야 한다. 그래서 나이 창의 큰형은 홍콩에서 일자리를 구하자 아내와 자녀들과 나이창을 홍콩으로 오라고 불렀다.

가족들과 자기를 특히 돌봐 주었던 누나와 작별을 한 후, (그 누나는 30년 후에 다시 만나게 된다.) 나이 창은 텐진에서 마카오까지 3200km 이상을 여행했고, 마카오에서 홍콩으로 배를 타고 밀입국했다. 여행은 힘들었지만 불가능한 것은 아니었다. 1950년대 초는 아직 국경 관리가 허술한 편이었기 때문이다.

홍콩에서 일자리를 구하기란 쉽지 않았다. 식탁에 음식을 올리는 일은 거저 이루어지지 않았다. 나이창은 걱정이라곤 모르던 삶을 뒤로하고 고난으로 가득한 생활을 시작했다. 열 다섯이 채 되지 않은 나이였지만 더 이상 학교에 갈 수 없었다. 그는 하루에 14시간 일하는 식당 일자리를 구했다. 새벽 3시에 일어나 콩을 갈고 이른 아침에 찾아오는 고객들을 위해 두유를 준비했다. 저녁이 되면 그는 자정까지 저녁 근무를 시작했다. 그렇게 한 달에 미화로 환산하면 7달러쯤 되는 돈을 벌어서 가족들의 식비에 보탰다.

고난은 그를 강하게 만들었다. 몸집은 더 크게 자랐다. 강한 팔과 손을 가진 근육질의 어른이 되었다. 원양 화물선은 힘이 센 그가 일하기 걸맞은 곳이었다. 홍콩은 남지나해에서 중요한 중계 무역항이었고, 중국과 그 외 세계의 통로로서 엄청난 물동량을 소화했다. 동아시아, 남아시아의 국가들을 비롯해서 세계의 다른 곳으로 항해하는 화물선에서 일할 기회도 풍부했다. 나이창이 처음으로 화물선에서 일하기 시작한 나이는 18세였고, 첫 해 동안 그는 세계의 수많은 나라로 항해했다. 화물선의 삶은 단조롭고 고됐지만 보수는 좋았다. 그 해 말이 되자 그는 미화로 1,000달러 이상을 모을 수 있었다. 식당에서 일해서 벌던 돈과는 비교가 되지 않는 금액이었다.

나이창은 청년시절 화물선에 타고 내리기를 반복했고, 앞날은 희망적이었다. 하지만 여전히 그에게는 자기 삶에 대한 결정권이 없었다. 큰형님이 그에게 "아버지" 역할을 하고 있었으므로, 그는 번 돈을 모두 형에게 넘겨야 했다. 몇 년 동안 모인 돈을 가지고 형은 대중교통수단으로 쓰이는 미니버스 몇 대에 투자를 하기로 했다. 지혜롭지 못한 결정과 부정직한 동업자들 때문에 그는 투자한 돈을 모두 잃었다. 이 일은 나이창의 경제적인 계획도 뒷걸음질 치게 만들었고 형제간에 균열을 만들었다.

1961년 형의 강한 반대에도 불구하고 나이창이 기독교로 개종하자 두 사람의 사이는 더 멀어졌다. 1963년에 나이창은 형의 뜻에 반하는 결혼을 결정했고 둘 사이의 간극은 더 커졌다. 나이창의 결혼은 그가 버는 돈을 더 이상 형에게 드리지 않는다는 뜻이기도 했다.

나이창은 아내와 함께 아무런 금전적 기반 없이 새로운 삶을 시작했다. 교육을 받지 못했으므로 그가 구할 수 있는 일은 청소부나 야간경비처럼 보수가 낮은 일자리뿐이었다. 곧 자녀들이 생겼고 미미한 수입으로 4인 가족을 부양하기란 어려웠다. 아내가 병이 들어 병원비가 늘어나자 압박은 더 심해졌다. 어느 날 그는 아내와 자녀들을 떠나 다시 화물선을 타야 한다는 사실을 깨달았다. 앞으로 10년 동안 집을 떠나 일을 하고, 가끔 배들이 다시 짐을 싣고 내리기 위해 홍콩에 돌아올 때만 한두 주 정도 집에 머물 수 있을 터였다.

나이창은 배에서 생활하는 동안 새로운 신앙에 충실했고, 가능한 종교적 가르침을 실천하려고 노력했다. 경전이 그의 친구였고, 기도와 연구로 하나님께 나아갔다. 많은 선원들처럼 무의미한 일로 시간을 보내며 삶을 허비하는 대신 그는 자기 시간을 배움에 쏟았다. 그는 평범한 선원으로 출발했으나 계속해서 공부하고 승진하여 3등 기관사가 되었다. 1970년대 3등 기관사의 월급은 미화로 400달러 정도였다. 그러나 그의 가족은 여전히 재정적 곤경에서 빠져나오지 못했다.

1970년대 초에 아내의 병이 심각해지자 그는 집안끼리 아는 친구에게 돈을 빌려서 병원비를 내야 했다. 그런데 이 친구는 금으로만 거래할 용의가 있었다. 70년대 초반 금값은 온스당 미화 50달러였는데, 10여년 후 그 가격은 온스당 500달러가 되었다. 금값이 오르자 나이창의 재정상황도 더 어려워졌다. 아무리 열심히 일해도 빚은 늘어만 갔다. 나이창의 가족은 점점 더 깊어지기만 하고 절대로 빠져나갈 수 없는 구덩이에 빠진 기분이었다.

그런 어려움에 속에서도 그들은 하나님을 믿는 신앙을 지키고 희망을 잃지 않았으며, 그들 종교의 원리를 생활에 실천했다. 물론 곧 있을 기적에 대해서는 알지 못했다. 그 일은 1970년대 중반 필리핀에서 오키나와로 항해하던 중에 일어났다. 나이창의 가족만이 아니라 많은 사람들의 삶을 축복한 사건이었다. 이번 항해의 목적은 일본 오키나와로 목재를 나르는 일이었다. 출항하기 전 나이창은 배의 엔진에서 나는 이상한 소리를 들었다. 그는 그 사실을 배의 2등 항해서와 1등 항해사에게 보고했지만 둘 다 그 소리를 감지하지 못하고 대수롭지 않게 넘어갔다. 그래서 두 사람 모두 일본으로 떠나기 전에 다시 한번 엔진을 점검할 필요를 느끼지 않았다.

항해를 시작하고 몇 시간 뒤, 갑자기 엔진이 꺼졌고 배는 대양 한가운데 멈춰버렸다. 갑작스러운 사고에 선장도 기관장도 어쩔

줄을 몰랐다. 일부 선원들이 구조 요청을 하자고 했다. 모두 그 말에 동의했지만, 선장은 그럴 경우 해양법에 따라 선주가 배에 선적한 화물의 가치의 절반을 구출해준 사람들에게 지불해야함을 기억해냈다. 아무도 그런 결정을 내리고 책임질 자신이 없었으므로, 그들은 선주에게 연락을 하기로 했다. 그러나 선주와 연락이 닿지 않았다.

이제 어떻게 해야 할지 고민하는 동안 통신담당이 날씨 예보를 받았다. 필리핀에서 시작된 태풍이 동력을 잃은 그들의 배를 향해 움직이고 있다는 소식이었다. 엔진이 움직이지 않으면 배는 태풍의 길에서 비켜날 수 없고, 움직일 수 없으니 침몰할 위험은 더 컸

기적의 손길

다. 그 소식을 듣자 마흔 명이 넘는 선원들은 절망적인 상황에 압도되어 울음을 터뜨렸다.

그런 상황에서 나이창은 혼자 있을 곳을 찾아가서 하나님께 기도하기 시작했다. "오, 아버지시여, 제가 아내와 자녀들을 두고 떠나야 하옵니까? 제발 저를 인도하셔서 어떻게 해야 할지 알려 주시옵소서." 작고 고요한 음성이 그에게 임했다. "평안하고 잠잠하여라. 두려워 말아라. 괜찮을 것이다." 그는 성신이 자신을 돕고 있음을 느낄 수 있었다. 그는 차분했고, 생각을 할 수 있었다. 그의 머리속에 떠오르는 장면이 있었고, 그는 엔진을 다시 살리는 것이 해결책임을 알았다. 그는 기관장에게 변속기 커버를 열고 그 안을 점검하라고 제안했다. 점검하는 도중 그들은 손상된 기어를 찾아냈다. 그 부품은 망가져서 더는 쓸 수 없는데 1등 항해사는 대체품이 배에 없다고 했다.

태풍은 시시각각 다가오고 있었고 배는 파도에 위험하게 흔들렸다. 모두 겁에 질렸다. 망가진 부품을 대체하지 못하면 엔진을 다시 살릴 수 없고 배는 침몰할 것이 자명했다. 나이창은 두려웠지만 다시 한번 하나님 아버지께 기도하기로 결심했다. "오, 아버지시여, 기어가 없는데 우리가 어떻게 하면 좋을까요? 이 문제를 해결할 다른 방법이 없을까요?" 다시 한번 머리속에 조용한 음성이 들렸다. "두려워 말아라. 너는 안전할 것이다."

기도를 계속하는 동안 그는 마음에 평안이 깃드는 것을 느꼈고 머릿속에 한 장면이 떠올랐다. 그는 떠오른 모습에 따라 배의 그 장소로 갔다. 어떤 가방을 치우자 거기 기어가 있었다. 그는 그 기어가 그들이 필요한 부품임을 알았다. 사람들은 의심했다. 그러나 그것을 엔진실로 가져다가 대조하니 정말로 맞는 기어임을 알 수 있었다! 하지만 기관장은 기어를 어떻게 끼울지에 관해 나이창의 제안에 반대되는 지시를 내렸다. 기어를 끼우고 나면 엔진은 거꾸로 돌 수밖에 없다. 이 즈음 사람들은 모두 자기 몸을 밧줄로 배에 묶은 상태였다. 배가 너무나 심하게 흔들렸기 때문에 엔진실에서 작업을 하려면 그럴 수밖에 없었다. 마침내 나이창이 제안한대로 기어를 다시 끼우자 엔진에 시동이 걸렸고 배는 안전하게 대피할 수 있었다.

나이창에게도 다른 선원들에게도 참으로 기적적인 경험이었다! 하나님께서는 그의 기도를 들으셨고 그가 배와 선원들을 안전하게 대피시키도록 준비시켜 주셨다. 이 사건이 있은 후, 선주와 선장과 모든 선원들은 나이창이 배와 선원들의 생명을 구한 것에 대해 진심으로 감사했다. 기관장은 해고되었고, 나이창이 새로운 기관장이 되었다. 이번 승진으로 월급이 엄청나게 올라서 나이창 부부는 모든 빚을 다 갚을 수 있었다!

2년 후, 나이창은 홍콩에서 좋은 일자리를 구했다. 그 이후로는

기적의 손길

외항선에서 일할 필요가 없이 집에서 아내와 자녀들과 함께 지낼 수 있었다. 나이창은 하나님 아버지가 살아 계시고, 그를 사랑하시며, 하나님께서 그의 기도를 듣고 응답하심을 의심 없이 알았으며, 절대 잊지 않을 것이다.

폭설 속에서 구조됨

한국 서울에 사는 윤선웅이 2012년 유타 주 브리검 영 대학교에 재학중일 때 눈폭풍 속에서 목숨을 구한 기적 이야기를 나눕니다.

2012년에 나는 유타 주 프로보에 있는 브리검 영 대학교에서 컴퓨터 공학을 전공하는 학부생이었다. 기말고사 기간이 얼마 남지 않아 나는 친구들과 열심히 공부를 하고 있었다. 시험을 잘 치르고 싶었으므로 우리는 며칠 동안 지하 컴퓨터실에서 밤 늦게까지 공부했다. 어느 날 밤 우리가 컴퓨터실에 있는 동안 밖에 눈이 내리기 시작했다. 저녁 9시경부터 내리기 시작한 눈은 내내 그치지 않았다. 눈에 익숙한 우리들은 별로 신경 쓰지 않고 할 일을 계속했다. 자정 무렵 친구들은 집에 갔다. 하지만 나는 몇 가지 컴퓨터 실습을 더 연습하고 복습하기 위해 남아서 계속 공부했다. 새벽 2시쯤 되니 눈도 머리도 피곤해 집으로 향했다.

밖으로 나간 나는 깜짝 놀랐다. 텅 빈 캠퍼스에 무릎 높이로 쌓인 눈은 잦아들긴 했지만 아직도 멈추지 않고 내리고 있었다. 놀라운 광경이면서 동시에 외롭게도 보였다. 교정을 가로질러 집을 향해 걷는 동안 나는 추위에 덜덜 떨었다. 신발틈 사이로 눈이 녹으며 양말을 적셨다. 정말 추운 날씨였고 바람도 강하게 불었다. 나는 두 손을 주머니에 넣고 고개를 숙인 채 움츠리며 걸었다.

몇 분 후 학교 앞 불독 대로에 도착했다. 그 순간 나에게 기적이 일어났다. 횡단보도를 건너려는 나의 귀에 누군가가 "멈춰라!"라고 크게 외치는 소리가 들렸다. 나는 멈춰서 누가 나에게 멈추라고 외쳤는지 주위를 둘러보았다. 하지만 주변에는 아무도 없었다. 나는 한시바삐 집에 가고 싶었지만 푸른색 신호등을 애써 무시하며 반대편 횡단보도로 몸을 틀었다. 그 순간 갑자기 끼익 하고 날카로운 타이어 끌리는 소리가 나더니 차 두 대가 내 바로 앞, 내가 건너려던 횡단보도 바로 위에서 충돌했다! 내가 길을 건너고 있었다면 분명 차에 치였을 것이고 목숨을 잃었을 지도 모른다. 나는 정말로 놀라고 무섭고 감사했다! 나는 "멈춰라!"라는 큰 목소리가 나를 구하려고 하나님께서 들려주신 소리임을 알았다. 기적이었다. 나는 친절하신 하나님이 나를 보호하시고 생명을 구해주신 것에 정말로 감사하다. 내가 고향에서 수천 킬로미터나 떠나 있을 때에도 말이다.

그날 밤 나는 무사히 집에 돌아왔고, 기말고사도 잘 치렀다. 여러 해가 지난 요즘도 눈이 올 때면 나는 멈춰서 미소를 짓는다. 나와 그의 모든 자녀들을 향한 하나님의 사랑을 생각한다. 그분은 정말로 우리들 개개인을 아시고, 우리 삶에 일어나는 일들을 알고 계신다. 그분은 우리를 사랑하시고, 도움을 주신다.

기적의 손길

— 6장 —

위험에 처한 여성들

～

다음의 기적 이야기들은 위험에 처한 여성들의 일화입니다. 각 사람은 하나님의 권능으로 구조되었습니다. 한 사람은 프랑스 파리에서, 다른 두 사람은 미국 유타 주의 로키산맥과 뉴욕시에서 기적을 경험했습니다.

천사의 구조

독일에 사는 도나는 1970년대 프랑스에서 여름 휴가를 보내는 동안
기적적으로 보호받은 이야기를 회상합니다.

1974년 여름에 나는 독일에서 일하고 있었고, 짧은 휴가를 떠
나기로 했다. 젊고 모험을 좋아했으므로, 내가 가진 벨로솔렉스
전기자전거로 유럽을 여행할 생각이었다. 나는 프라이부르크까지
기차를 타고 간 다음 전기자전거를 타고 검은 숲을 지나 스위스
제네바로 갔다. 그 다음 목적지는 파리였고, 나는 하나님이 나와
함께 해주심을 느꼈다.

어느 날 파리를 향해 가던 중 날이 저물기 시작했다. 파리 남쪽
외곽인 그 지역에는 유스호스텔이 없었으므로 나는 호텔이나 게스
트하우스를 찾기 시작했다. 하지만 프랑스는 여름휴가 기간이었기
때문에 호텔마다 방이 없었다. 이 마을 저 마을로 다녔지만 묵을
곳이 없었다. 8월이긴 했지만 상당히 추웠다. 시간도 꽤 늦었고 어
두워지고 있었다. 어느 경찰서를 지나면서 나는 다음 마을에도 숙
소가 없으면 이곳으로 돌아와 하룻밤 묵기를 청하기로 했다. 전에

도 몇 번 그렇게 해보았는데 늘 안전하게 잘 곳을 구했었다.

한 시간 후, 나는 다시 그 경찰서로 돌아왔다. 그곳의 경찰관은 "젊은 여자가 나다니기엔 위험하니, 들어와서 위층에 머무르라"고 말했다. 좋은 느낌을 받지는 않았지만, 이미 11시였고 추웠기 때문에 그를 따라 위층으로 올라갔다. 그는 결혼한 남자였는데 부인과 아이들은 휴가로 친정에 갔고 자신은 혼자 경찰서에 남아있다고 했다. 그는 자기가 부인에게 충실한 사람이며, 내가 여기서 밤을 보내도 좋다고 말했다. 나는 지혜롭지 못하게 그러겠다고 했다. 옷을 그대로 입고 침낭 속으로 들어가서 잠을 청했지만 매우 불편했다. 기도를 드렸지만 잠은 오지 않았다.

갑자기 무거운 몸이 나를 짓눌렀다.

"넌 정말 아름다워!"라고 경찰관이 말했다.

"하지만 당신은 부인한테 충실한 사람이랬잖아요! 그런 약속을 깨면 안되죠!" 난 소리를 질렀다.

"이건 말도 안돼!" 나는 머리속으로 외쳤다. 힘을 주시라고 기도했지만 그는 내 침낭을 찢기를 멈추지 않았다. 내 몸부림은 가망이 없는 듯했지만 하나님께 외쳤다. "도와주세요!"

주님은 언제나 내 일에 개입하신다. 내가 바보 같은 결정을 내렸을 때에도, 하나님은 나를 구하기 위해 칼을 든 천사를 보내셨다. 아니, 천사는 경찰관을 물리치는 대신 내 오른쪽 종아리를 찔렀다. 그 고통이 너무나 지독해서 나는 순간적으로 폭발적인 힘을 내어 경찰관을 밀쳐냈다. 기적이었다!

그는 사과를 하더니 방 구석으로 물러났다. 동이 트기 시작했고, 나는 차가운 새벽에 밖으로 나왔다. 다리의 고통은 여전했고 그 후로 3일간 오른 다리를 잘 쓰지 못했지만, 나는 우리가 스스로 위험한 상황에 처하더라도 하나님께서 우릴 보호하신다는 간증이 있음에 감사하다. 세월이 흐르며 끔찍한 경험도 많이 했지만 주님께서는 그분을 향한 나의 외침을 들으시고 계속해서 나를 축복하시고 보호해 주신다.

천사들의 보호를 받다

유타 주 사우스조던 출신인 세라이아 토프가 2017년의 자동차 사고에서 신성한 보호를 받았던 경험을 이야기합니다.

살다 보면 크던 작던 절대 일어나지 않기를 바라는 일이 현실이 되는 순간이 있다. 2017년 10월 17일, 내 삶에 그런 예기치 않은 재난의 순간이 찾아왔다. 당시에 나는 고등학교 3학년이었고, 1학기가 끝나가고 있었으며, 기말고사를 준비하느라 늦게까지 깨어 있는 날이 많았다. 나는 피곤했는데, 공부 때문은 아니었다. 물론 공부할 양은 엄청났지만 말이다. 10월 17일이 되기 전까지 몇 주 동안 나는 가족과 함께 교통사고를 당하는 무서운 악몽을 거듭해서 꾸었다. 그런 꿈은 모두 너무나 생생해서 자면서도 사고로 인한 고통을 느꼈고, 잠에서 깬 다음에도 그 고통은 여전히 느껴졌다.

동시에 잠에서 깰 때마다 안도감을 느꼈다. 그런 평안의 이유는 사고가 일어나지 않을 거라는 느낌이 아니라 사고가 있더라도 두 명의 수호천사가 우리를 보호할 것이라고 느꼈기 때문이었다. 나는 그 두 천사 중 한 명은 몇 달 전에 돌아가신 우리 할아버지라고 느꼈다. 내 꿈은 그날 일어난 사고를 그대로 보여준 것이었다.

10월 17일 학교가 끝난 후, 나는 마음이 차분했던 것을 기억한다. 다가오는 기말시험에 대해 스트레스를 느끼지도 않았고, 긴하루 동안 친구들과 마음 상할 일도 없었고, 긴장도 없었고, 그냥평온했다. 남동생과 나는 엄마가 우리를 픽업하러 오길 조용히 기다리고 있었다. 기다리는 동안 나는 내가 좋아하는 큼직한 바위에앉아있었다. 좋은 날에도 나쁜 날에도 앉아있기 딱 좋은, 내가 좋아하는 바위였다.

"오늘은 잘못될 일이 없어." 나는 속으로 생각했다. "거리낄 게없는 날이야. 오늘은 좋은 하루가 될 거 같아."

나는 집에 가서 밤까지 맹렬하게 공부하고, 그 주 내내 그럴 계획이었다. 학교 공부를 잘 마무리할 결의에 차 있었기 때문이다. 얼마 후 엄마가 도착했다. 동생이 조수석 문을 열어주자 나는 고맙다고 말하며 차에 탔다. 집으로 가는 길은 대체로 평온했고, 모두 말이 없었다. 엄마는 좋아하는 노래를 들으며 박자에 맞춰 고개를 흔들었다. "Wake me up inside"라는 곡이었다. 그러는 동안에도 여전히 평온했다.

나는 내 전자기기로 좋아하는 채널을 들으려고 하다가 잘 안 되어서 그냥 꺼버렸다. 우리는 교차로에 멈췄고, 신호등이 다시 녹색으로 바뀌자 엄마는 차를 출발시켰다. 그 다음 순간 나는 왼쪽 옆

구리에 통증을 느꼈다. 엄마의 음악과 길에서 나는 소리는 다 사라지고, 더 이상 내 기분은 평온하지 않았다. 암흑이 나를 감쌌다.

검은 안개가 걷히자 천천히 정신이 돌아오며 방금 우리가 엄청난 차사고를 당한 사실을 인식했다. 커다란 차가 빠른 속도로 달려와서 우리 차 옆면을 어찌나 세게 들이받았는지 우리 차는 거의 한 바퀴를 뱅글 돌아 반대방향으로 서있었다. 들이 받힌 곳이 딱 내가 앉아있는 곳이었고, 나는 죽을 수도 있었다. 나는 잠시 내 수호천사 둘을 보았고 그들은 금새 사라졌다.

나는 아무 말도 할 수 없었다. 받은 충격이 커서 생각도 잘 할 수 없었다. 나는 엄마가 소리를 지르며 우리가 괜찮은 지 묻는 소리를 들었다. 나도 비명을 지르고 싶었지만 머릿속으로밖에 말할 수 없었다.

"우린 오늘 죽을지도 몰라……작별인사를 해야 해."라고 생각했다.

엄마는 나를 쳐다보며 내 얼굴을 양손으로 잡고 내가 괜찮은 지 물었다. 하지만 나는 몇 개의 단어와 이름을 두서없이 뱉는 것밖에 할 수 없었다. 나를 바라보는 엄마의 얼굴은 혼란과 두려움에 가득했고, 그런 엄마의 눈을 보니 내 마음이 타 들어갔다.

"지금 그런 걱정은 말고, 너 괜찮으냐고!" 엄마가 다시 물었다. 나는 대답을 하고 싶었다. 하지만 입이 떨어지지 않았다. "엄마는

기적의 손길

괜찮아요? 샘, 괜찮아?" 나는 머릿속으로 외쳤다.

그때 엄마의 차 문이 열리고 갈색 곱슬머리에 친절해 보이는 부
인이 나타났다. 길을 걷다가 사고를 목격한 그녀는 지체없이 달려
와 도움의 손길을 내밀었다. "다들 괜찮아요?" 그녀는 브라질 억
양으로 물었다. 엄마는 그녀의 팔에 몸을 맡기고 흐느꼈다. "우리
아이들이! 우리 아이들이!" 그 부인은 곧 도와줄 사람들이 올 거라
고 말해주었다.

나는 내 머릿속에 갇혀서 철저한 무력감을 느꼈다. 아무도 도울
수 없었다. "엄마! 샘! 미안해!" 나는 머릿속으로 외쳤다. "사랑해

위험에 처한 여성들   119

요! 내가 오늘 죽는다 해도, 사랑해!" 진심으로 도움이 되고 싶은 데, 움직일 수 없는 몸에 갇혀 있었다. 내 입술은 내가 그토록 원하는 도움과 위로의 말을 할 수가 없었다.

영원 같은 시간이 흐른 후 붉고 푸른 불빛이 번쩍였고, 그 불빛은 밝은 햇살에 사라졌다. 의식이 있다가 없다가 하는 상태로 나는 우리 주변에 사이렌이 울리는 소리와 엄마의 울음소리와 동생의 비명소리도 들을 수 있었고, 내 머릿속의 소리도 계속되었다. 사람들은 유압식 절단기로 나를 차에서 꺼냈고 가족과 함께 병원으로 이송했다. 의식이 다시 돌아오자 병원의 엑스레이실에서 다른 방으로, 또 복도로 실려 다니는 중이었다. 부상의 정도를 진단하고 주사를 놓았다. 그런 과정이 끝나자 나는 빈 방에 누워있었고 방 안은 간신이 사물을 분간할 정도로 어두웠다.

"우리 가족은 살았어……난 살았어!" 혼자 생각했다. 모니터가 내 심장 박동을 추적하는 소리를 들었다. 그리고서 나는 느꼈다. 분명히 의식할 수 있었다. 가슴 속에서 심장이 뛰고 있고 폐는 공기를 들이쉬고 내쉬고 있었다. 나는 눈물을 흘리기 시작했다. 말로 표현할 수 없을 만큼 살아있다고 느꼈다.

나는 하나님께 물었다. "왜 저를 살려주셨어요? 정말로 제가 여기 있길 바라시나요?"

바로 그때 목소리가 들렸다. 가장 격심한 풍랑도 잠잠하게 하고

기적의 손길

가장 큰 산도 납작하게 할 수 있지만 갓난아기의 손길만큼이나 부드럽고 사랑과 평안으로 가득한 목소리였다. "네가 여기에 있기를 바랄 뿐 아니라……나는 여기에 네가 필요하단다."

나는 더 크게 울며 소리 내어 말했다. "여기에 제가 필요하시다고요?" 그리고나서 입원실 안에서 나는 순간적으로 나의 미래를 보았다. 사람들을 돕고 있는 내 모습과, 미래의 내 아이들이 보였다.

하나님은 나의 생명을 구하셨고, 엄마와 동생의 생명도 보호해주셨다. 그 자동차 사고로 나는 차에서 죽을 상황이었지만, 기적적으로 생존했다! 하나님과 수호천사들이 나와 가족을 구해주었다. 그리고, 어둑한 입원실 안에서, 나는 다시 잠드는 나의 이마에 하나님께서 입맞춤을 해주시는 듯 느꼈다.

내가 구조된 밤

오마하 주 네브라스카 출신인 켄다 루이스가 2004년 뉴욕시에서 일하던 중에 경험한 기적에 관해 이야기합니다.

내 인생에서 받아본 가장 위대한 선물은 주님의 무조건적인 사랑이다. 자라면서 대부분의 기간 교회에 다녔지만, 주님께 헌신하기 전까지는 주 예수 그리스도에 관해서 아는 것이 없었다. 주님은 나에게 일어난 최고의 사건이다. 그리스도는 내 생명을 구하셨다! 그분이 나의 기적이다!

나의 기적은 2004년 4월 13일 밤에 일어났다. 나는 알코올 중독에 GHB와 스테로이드 중독인 남자와 살고 있었다. GHB, 즉 감마 하이드록시 부티르산은 중추신경억제제로 보통 "클럽 마약"이라고 불린다. 다른 부작용도 있지만 일단 땀이 나고, 의식을 잃거나, 메스꺼움, 환각, 기억 상실이 오거나 코마상태에 빠질 수 있다.

나는 이혼한지 얼마 되지 않았고 어떻게 살아야 할지 고민하던 중에 이 남자를 만났다. 이제부터 마이크라고 부르겠다. 대학 풋볼 선수 출신인 마이크는 좋은 사람처럼 보였고, 원하는 것이 있

기적의 손길

거나 필요한 것이 있을 때는 아주 매력적이었다. 하지만 알면 알수록 좋은 사람이 아니란 것을 깨달았다. 그가 복용하는 스테로이드제는 감정적, 정신적, 육체적으로 자제력을 잃게 만들었고, 한번 그 상태가 되면 아무것도 그를 멈추게 할 수 없었다. 그는 늘남들과 싸웠고, 이런저런 문제를 일으켰다. 나중에 그는 자신이두 번의 전과가 있으며 한번 더 발각되면 다시 감옥에 들어가야한다고 말했다!

우리의 관계는 다사다난했다. 그가 밤에 술에 만취하고 GHB를마신 채 집에 돌아오면 나는 무서웠다. 그는 폭력적이기도 했다.나를 들어서 벽으로 던지는 바람에 이웃들이 찾아오는 경우도 몇번 있었다. 말 그대로 악몽이었지만 그 상황을 어떻게 빠져나갈지알 수가 없었다.

2004년 4월 13일 밤, 나는 그가 아파트로 돌아와서 빨리 잠들기를 하나님께 기도하고 있었다. 나는 더 이상 참을 수 없었고, 탈출하고 싶었다. 마침내 그가 밤 늦게 집에 들어왔는데 술과 마약에 취한 것이 분명했다. 사건은 너무 빨리 진행되었기 때문에 나는 세부적인 기억을 잘 하지 못한다. 나는 침대에 있었는데 순식간에 그가 내 다리를 잡고 침대에서 끌어내기 시작했으므로 몸싸움이 벌어졌다. 나는 두려웠고 다급하게 안전한 곳을 찾았다. 욕실로 달려가서 문을 잠그려 했지만 그는 나의 바로 뒤에 있었다.

그는 나를 따라 욕실로 들어왔고 나를 바닥으로 밀치고 눌렀다. 나는 간신히 다시 거실로 나왔다.

다음 순간 그가 내 위에 올라타고 손으로 내 입을 막아서 나는 숨을 쉴 수가 없었다. 나는 그에게 벗어나기 위해 몸부림쳤고, 그 와중에 나 자신과 하나님께 했던 세 가지 말을 지금도 분명히 기억한다. "나에게 이런 일이 일어나고 있다니 믿을 수 없어요", "숨을 못 쉬겠어요", "오늘이 제 마지막 날이 되지 않게 해주세요."

내가 그렇게 세 마디 말을 하고 나자, 그는 나를 두고 나갔다. 나는 충격을 받은 상태로 바닥에 누워있었다. 내가 주님의 이름을 부르지 않았더라면 정말로 목숨을 구할 수 없었을 것이다. 내가 소리 내어 주님의 이름을 말하지는 않았지만, 그분은 내 말을 들으셨다. 내가 마이크와 싸워 이길 방도는 전혀 없었다. 당시 그의 키는 190cm가 넘었고 몸무게는 145kg이었다. 나는 160cm에 52kg이었다. 그리스도가 나를 위해 개입하지 않으셨다면 결과가 어찌 되었을 지 누가 알겠는가! 그가 나를 내버려둔 것은 순전히 기적이었다.

하나님은 내 목숨을 구해 주셨다! 나는 마침내 마이크를 떠났고 새로운 삶을 시작했다. 그것이 나의 기적이다. 주님은 매일 나의 삶에서 계속해서 기적을 일으키고 계시다. 이보다 더 위대한 일은 없다! 그는 내가 나 자신을 어떻게 사랑해야 옳은 지 가르쳐 주셨고 내가 그분이 바라시는 바로 그 사람이라는 점도 알려주셨다. 예수 그리스도를 믿는 신앙을 갖기 전에 나는 나 자신의 모든 점을 싫어했다. 그리스도는 내가 아름답고 훌륭하게 만들어졌으며, 하나님의 자녀이고, 그분이 내 이름을 알고 나를 사랑하신다는 사실을 가르쳐 주셨다.

7장

천사들이 구해주다

다음 이야기들은 남자와 여자와 아이들을 돕기 위해 천사들이 방문한 이야기입니다. 첫번째 이야기는 천사들이 십대 소녀를 돕고 나중에 그녀가 어머니가 되었을 때 또다시 도움을 준 이야기입니다. 다음 이야기는 위험한 여정에 있던 등산객들을 천사들이 도와준 이야기이고, 세 번째 이야기는 멕시코 후아레즈에서 천사들이 어린 소년을 위험해서 구해준 이야기입니다.

천사들의 군대

유타 주 옥든 출신인 앨리슨 허틱이 십대였을 때와 젊은 어머니로서 심연에 떨어질 뻔했던 자신을 구한 두 차례의 기적을 이야기합니다.

일상의 어려움이나 책임에 관해 불평이 나오기 시작할 때면, 나는 내가 받은 축복을 기억하라고 스스로를 다독인다. 나는 생애 동안 정말 많은 축복을 받고 기적을 경험했지만, 오늘 나누고 싶은 이야기는 가족 역사 연구에 참여한 직접적인 결과였다.

가족 역사 연구를 하면서 내가 가장 좋아하는 점은 나의 조상과 연결될 때 오는 기쁨이다. 조상들의 삶을 조사하고, 인구 조사 기록, 탄생, 결혼, 죽음 및 매장 기록을 따라가다 보면 그들 중 많은 수가 내가 겪고 있는 어려움을 앞서 겪었음을 알 수 있었다. 예를 들어, 나는 자녀를 잃는 아픔을 겪어본 적은 없지만, 다른 사람의 자녀를 받아들이는 일이 어떤 것인지 안다. 내 조상들의 많은 수가 배우자를 잃었고, 이미 자녀가 있는 사람들과 재혼했다.

남편에게는 전처가 낳은 열 두 살 난 딸이 있기 때문에 나는 양부모가 되는 일이 얼마나 어려운지 안다. 나는 또한 내 조상들이 내가 겪고 있는 어려움을 아신다는 사실도 안다. 그분들의 삶에 관해 내가 더 조사하고 정리하는 동안, 나는 그분들이 나를 인도하는 천사가 되어 내가 지금 직면한 같은 문제들을 헤쳐 나가도록 도와주시기를 기도한다.

우리보다 먼저 살았던 분들에 관해, 그들이 우리와 멀리 있지 않고, 우리의 생각과 감정을 알고 이해한다는 이야기를 들어왔다. 지난 22년간 가족 역사 연구를 하면서, 천사를 믿는 나의 간증도 커졌다. 사실 나는 하나님 아버지께 예수 그리스도의 이름으로 천사들을 보내셔서 나와 내가 사랑하는 사람들을 도와주시도록 기도하는 것을 배웠다. 정말 큰 힘을 주는 일이었다. 나는 돌아가신 조상들을 위해 내가 가족 역사를 연구할 때 나의 천사들이 더 늘어나며 내 삶에 일어나는 기적도 더 많아질 것임을 안다.

나는 가족 역사 연구를 통해 경험한 두 가지 기적을 나누고 싶다. 첫 번째 사건은 내가 십대일 때 일어났다. 십대 시절 대부분을 나는 교회에 참석하지 않았다. 중학교때부터 잘못된 선택을 하기 시작했고 스스로를 망치는 길로 들어서서 중고등학교 시기를 보냈다. 고등학교 2학년 여름방학 때 나는 빛과 행복감을 발하는 교회 친구와 가까워졌다. 나는 그 친구 곁에 있고 싶었고, 그 친구를 닮고 싶었다. 그녀는 행복했다. 그래서 나는 내 삶을 바꾸겠다는 결심을 하고 기존의 친구들과 멀어져서 고3 기간을 다른 고등학교에서 시작했다. 엄마나 다른 누구의 조언이나 으름장 없이 나 스스로 그렇게 했다. 나 자신의 선택이었다. 어찌된 일인지 나는 내 삶을 변화시킬 힘과 능력을 찾았고, 그대로 밀고 나갔다.

그런 힘이 어디에서 왔을까? 나는 짚이는 곳이 있다. 우리 할머니는 가족 역사 사업에 열심인 분이었다. 나는 늘 할머니와 아주 가까웠다. 엄마가 나를 포기한 후에도 할머니는 나를 믿었고 나를 위해 기도를 계속하셨다. 할머니에게는 나를 위해 싸우는 천사들의 무리가 있었고, 그들의 도움으로 나는 평안과 안전과 행복의 장소에 도달했다. 그것이 첫 번째 기적이었다.

가족 역사와 관련된 또 하나의 기적이 있다. 19년 전, 나는 현재와 매우 비슷한 생활을 하고 있었다. 어린 두 자녀를 둔 가정생활은 행복했다. 그러던 중 남편이 우리를 떠나버렸고, 나의 세계는 흔들렸다. 나는 그 상황에 잘 대처하지 못했다.

그리스도를 따르고 그분께 의지하는 대신, 나는 분노와 증오와 억울함으로 가득 차서 교회에 나가는 것도 하나님께 기도하는 것도 멈춰버렸다. 나의 세상은 무너졌다. 어느새 나는 이혼녀에 두 자녀를 키우기 위해 분투하는 싱글맘이 되어있었다. 삶에서 하나님을 배제한 채로 말이다. 나는 다시 어둠 속에서 살기 시작했고 그런 상태는 8년간 지속되었다. 마침내 나는 삶의 방향을 바꾸기로 했다. 구주와 가족 역사가 있는 생활을 원했다. 그래서 나는 변화했다.

그런 힘과 능력이 어디에서 왔을까? 이젠 여러분도 나도 안다. 나에게는 나를 위해 싸우는 한 무리의 천사들이 있었다. 여러 해 전에 내가 가족 역사 사업을 해드린 수백 명의 천사들이었다. 그리스도와 함께 그들은 내가 바라는 곳으로 돌아오는데 필요한 힘과 능력을 주었다. 또 하나의 기적이었다!

현재 나는 그 어느 때보다 행복하다. 구주께서는 나에게 "새로운 시작"을 또 한번 허락하셨다! 나는 재혼했고 또다시 어린 두 자녀를 두고 있다. 내 삶에는 다시 복음과 가족 역사 연구가 있다. 나는 나의 천사들을 더 늘리기 위해 헌신하고 있다. 그들의 힘과 능력과 보호가 나 자신과 자녀들과 사랑하는 사람들을 위해 필요하기 때문이다. 내 조상들과 그들이 살았던 삶에 관해 알아갈수록 나는 그분들을 더 사랑하게 되고 그분들이 나를 사랑한다는 사실도 알게 된다. 우리는 서로 돕고 있다!

나는 우리가 가족 역사를 부지런히 연구하고 주님을 신뢰할 때 하나님께서 수많은 기적을 베풀어 주실 것임을 배웠다. 여러분도 같은 경험을 할 수 있다. 매일 축복과 자비로운 은혜가 삶에 깃드는 것을 느낄 것이다. 주님 곁에는 기꺼이 우리를 돕고자 준비된 수많은 천사들이 있다. 가족 역사를 연구할 때 여러분은 이 천사들의 도움과 동반을 느낄 것이며 그로 인해 오는 기쁨과 축복과 힘을 경험하게 될 것이다.

기적의 손길

산 위의 천사들

데이비드 스톤이 2019년 솔트레이크시티 근처의 와사치 산맥에서 가족과 하이킹을 하며 경험한 기적에 관해 이야기합니다.

2019년 8월 3일, 아내와 나는 처제 줄리와 자녀들 세라이아(15)와 클라크(8)와 함께 유타 주 와사치 산맥의 가까운 계곡으로 하이킹을 갔다. 하이킹 시작점에서 정상의 호수까지는 6.4km였다. 등산로는 유명한 스노우버드 스키장 아래에서 시작되었다. 산속의 소박하고 아름다운 곳이었다.

아침에 등산로를 따라 걷기 시작할 무렵 날씨는 산행하기 좋았고, 맑고 시원한 공기는 침엽수의 향기로 가득했다. 등산로 초입에는 눈이 녹아 세차게 흐르는 시내가 있었다. 맑고 차가운 물에 손을 담그자 산행을 시작하는 마음은 더욱 들떴다. 우리 부부와 줄리와 아이들은 모두 오늘 하루를 아름다운 산 속에서 즐겁게 보낼 일이 고대되었다. 우리는 산을 오르며 노래를 부르고 이야기도 나누었다. 시간이 흐르며 해가 나와서 뜨겁게 내리쬐며 길을 달구었고 우리의 속도는 조금 느려졌다. 중간에 우리는 그늘진 숲에서 점심을 먹었다. 멋진 하루를 보내는 중이었다. 어서 정상에 도착해서 그곳에 쌓인 눈을 뭉치며 놀고 싶었다.

계속해서 산을 오르는 동안 우리는 구름이 몇 점 나타나서 뜨거운 해를 가리고 그늘을 만들어주는 것이 고마웠다. 이제 두 시간째 등산을 하고 있었고 종종 길에서 만나는 사람들에게 "아직 멀었나요?" 하고 물었다. 대답은 늘 같았다. "얼마 안 남았어요. 1마일(1.6km) 정도 될 거예요." 우리는 계속 노래를 불렀지만 힘이 점점 빠져서 빈도나 목소리가 잦아들었다. 그 순간 눈앞에 나타났다! 눈이다! 등산로 몇 백 미터 앞에 눈이 보였다. 눈이 정말 많았

기적의 손길

다! 거의 등산로를 덮고 있었다. 지난 겨울 눈이 아주 많이 왔었는데 산 꼭대기에는 아직도 두껍게 눈이 남아있었다. 눈을 뭉치며 놀고 사진도 찍은 다음 우리는 계속해서 등산로를 따라 올라갔다.

올라가면서 보니 남은 길의 대부분이 눈에 덮여 있었다. 계속 가려면 미끄럽고 얼음 덮인 경사로를 오르거나 큰 바위 사면을 타고 올라가야 했다. 길에서 만난 다른 이들과 이야기를 나눠보니 제대로 등반 장비를 갖추지 않았으므로 바위를 타는 편이 낫겠다고 했다. 50미터를 못 가서 우리는 다시 등산로를 만났다. 그런데 등산로에 다다르고 보니 저 앞쪽 오른편에 등산로가 눈으로 막혀 있었다. 그곳을 통과할 방법은 없었다. 둘러 가야 했다. 하지만 둘러 가기 위해서는 절벽 끝을 지나야 하는데, 거기서 아래로 떨어진다면 아래의 바위들 위로 추락하여 심각한 부상을 입을 것이었다.

등산을 계속할 최선의 방법을 찾던 중 우리는 다른 등산객인 브래드를 만났다. 우리가 산에서 만난 첫번째 천사였다. 브래드와 나는 함께 세라이아와 클라크를 안전하게 데리고 절벽을 지나 등산로로 데려올 수 있었다. 우리는 모두 정상의 호수에 가보고 싶었다. 호수는 이제 아주 가까이 있었다. 잠시 더 걸은 후 우리는 호수에 도착했다. 호수는 아름다웠고, 우리는 그곳에 있다는 사실이 기뻤다. 호수에서 우리는 두 명의 다른 등산객인 브래들리와 제이미를 만났다. 브래들리는 군복무를 했고 등산 전문가였다. 우리는 절벽을 다시 지나올 때 그들의 도움을 받아서 아이들을 안전하게 데려왔다. 우리가 두 번째로 만난 천사들이었다.

우리가 사진을 찍고 나자 날씨가 돌변했다. 얼마 전에 그늘을 만들어주던 구름이 이제는 천둥번개를 보냈다. 차가운 비바람이 우리에게 몰아쳤다. 우리는 급히 길을 따라 내려가기 시작했다. 제이미와 브래들리는 조심스럽게 아이들이 눈 쌓인 구간을 통과하도록 도와주었다. 우리는 그들에게 고맙다고 말하고 가족 기도를 하기 위해 모였다. 천둥과 번개가 우리 위에서 계속되었다. 제이미와 브래들리는 우리를 앞서 갔지만 우리가 큰 바위 사면을 내려갈 즈음 우리 쪽으로 되돌아왔다. 바위 위는 이제 미끄러웠는데, 우리가 아이들을 데리고 내려가는 것을 돕기 위해 돌아온 것이다. 그들은 정말 친절했다! 아이들이 차가운 비에 젖어 추워하는 것을 보자 브래들리는 자기 폰초를 벗어서 아이들에게 주어서 몸을 따뜻하고 젖지 않도록 해주었다. 그는 폰초가 자기보다 아이들에게 더 필요하겠다고 말했다.

"산 아래에서 다시 만난다면 그때 돌려줘. 하지만 서로 못 만나더라도 걱정하지 마. 너희들이 가지면 된다." 정말 축복이고 감사한 일이었다. 그는 아이들에게 폰초를 주고 싶어했다. 제이미와 브래들리와 브래드는 그날 산에서 우리의 수호천사였고 우리 기도에 대한 응답이었다. 종종 나는 기도가 다른 이들의 친절한 행

기적의 손길

동을 통해 응답되는 것을 본다. 하나님의 자녀가 하나님의 다른 자녀를 돕는 것은 가장 훌륭한 기적의 한 종류이다.

　비와 천둥번개는 시간이 흐르며 잦아들었고 우리는 하산을 잘 마쳤다. 대단한 모험을 해낸 것이다. 하나님께 그날 산에서 만난 천사들에 대해 감사를 드리며 우리는 마음이 행복했다.

후아레스의 천사들

텍사스 주 엘파소에 살던 에스더 바르가스가 멕시코 후아레스에서
기적적인 보호를 받은 아들의 이야기를 들려줍니다.

여러 해 전, 텍사스 주의 엘파소에 살던 시절 우리는 내 어머니
를 찾아 뵈러 멕시코의 후아레스에 자주 갔다. 당시 후아레스는
마약 범죄조직들이 끊임없이 서로 싸우는, 세계에서 가장 위험한
도시 중 하나였다. 트럭 뒷좌석에 아이들을 태우고 후아레스의 어
머니 댁에 갔던 어느 날, 남편과 나는 어머니의 제안에 따라 아이
들을 두고 저녁을 먹으러 나가기로 했다. 어머니 댁에서 나올 무
렵엔 이미 해가 져서 어두웠다.

우리는 차를 몰고 식당으로 갔다. 식당에 있는 동안 나는 뭔가
잘못되었다는 느낌이 들기 시작했고, 남편에게 차로 가서 아무 일
이 없는지 살펴보라고 부탁했다. 저녁을 먹는 내내 나는 불안했
고, 남편은 몇 번이나 다시 나가서 우리 트럭을 살폈지만, 문제는
없어 보였다. 불편한 기분이 가시질 않았으므로, 나는 남편에게
서둘러 집에 돌아가자고 했다. 남편은 동의했고, 우리는 어머니

　　　　　　　　　　　　　　기적의 손길

댁으로 차를 몰았다.

어머니 댁으로 가는 길에, 막내 에릭이 뒷좌석에서 일어나더니 말을 하기 시작했다. 지금까지 트럭에서 잠이 들어 있었던 것이다. 나는 너무나 깜짝 놀랐고, 우리가 식당에 있는 동안 아이가 잠에서 깼더라면 어땠을까 생각하니 아찔했다! 아이는 울고, 소리를 질렀을지도 모르고, 우리를 찾겠다고 차에서 나왔을지도 모른다. 그건 더 위험했을 것이다. 후아레스에서는 총격전이 종종 벌어져서 무고한 희생자들이 생겨나기 때문이다.

우리는 아들에게 엄마와 아빠가 식당에 있는 내내 잠을 잤느냐고 물었다. 아이는 중간에 한번 잠에서 깼는데 형들이 모두 옆에 있는 것을 보고서 안심하고 다시 잤다고 대답했다. 우리는 천사들이 형들의 모습을 하고 아이와 함께 있어 주었음을 알 수 있었다! 우리가 식당으로 들어갈 때 아이가 차에 남아있을 거라고는 생각도 하지 못했으므로, 천사들이 아이를 안심시키러 와 주었던 것이다. 당시 에릭은 겨우 네 살이었다. 우리는 아들을 돌봐 주도록 천사들을 보내시고 우리에게 뭔가 잘못되었음을 성신의 속삭임으로 알게 해주신 하나님 아버지께 깊이 감사드린다.

천사들이 구해주다

— 8장 —

평안의 축복

∽

첫 번째 이야기는 사우스 캐롤라이나에서 임종을 앞둔 아버지가 가족들에게 전한 놀라운 메시지에 관한 것입니다. 그 다음은 (살아있거나 돌아가신) 가족들이 여러 해 후에 아이다호에서 재회한 이야기이며, 이어서 여러 비극에도 불구하고 우리에게 일어나는 기적에 관해 인도에서 들려주는 이야기입니다. 그 다음은 유타에서 경험한, 하나님의 영을 찾고 따르는 이야기입니다. 이어서 뉴저지에서 아내가 고통 없이 임종을 맞는 기적을 경험한 이야기, 그리고 서아프리카 가나에서 일어난 조용한 신앙의 기적 이야기가 이어집니다. 마지막으로 플로리다에 사는 어머니가 영의 인도로 아들을 익사 위험에서 구한 이야기입니다.

양 손 엄지를 치켜들다

케이시 스모여가 2014년 사우스 캐롤라이나의 찰스턴에서
아버지의 임종을 지켜보며 경험한 기적을 이야기합니다.

사랑하는 사람을 잃는 것은 힘들다. 이것은 사실이다. 최소한
나에게는 그렇다. 그러나 내 부모님이 세상을 떠날 때마다 그분들
과 함께 할 수 있었던 것은 특권이었다. 임종을 지키는 경험은 심
오한 방식으로 나의 신앙을 시험하고, 또 확인해주었다. 이 이야
기는 영원한 삶을 시작하는 내 아버지의 여행에 관한 것이며, 그
분이 생의 마지막 몇 시간을 보내는 동안 우리에게 주신 놀라운
선물에 관한 것이다.

아버지는 사랑이 많고 관대한 사람이었고, 늘 미소가 떠나지 않
고 다른 이들도 따라서 미소 짓게 만들었으며, 평생 독실한 가톨
릭 신자이셨다. 아버지는 2남2녀인 우리를 사랑하셨다. 군복무
동안에 얻은 "버니시"라는 별명은 아버지가 86세를 일기로 세상
을 떠날 때까지 아버지와 함께 하며 그가 국가에 헌신했음을 떠올
리게 해주었다. 마지막 3년 동안 아버지는 알츠하이머병을 앓았

다. 소중한 시간과 기억을 그에게서 앗아간 끔찍한 질병이었다. 병이 깊어지는 동안에도 질병에 가려진 우리 아버지를 언뜻언뜻 볼 수 있었던 것은 우리에게 큰 축복이었다.

12월 중순의 어느 맑은 날, 나는 아버지의 상태가 심각해졌고 며칠 이내에 임종하실 듯하다는 소식을 받았다. 아픈 마음을 다잡으며 아버지 곁에 있기 위해 짐을 싸기 시작했다. 오빠들도 그렇게 했다. 우리가 도착하길 기다리며 여동생은 아버지와 나란히 앉아 손을 잡고 소중한 시간을 보냈다. 나는 오빠들이 도착하기 전날 저녁에 도착했고, 여동생과 함께 밤까지 아버지 곁을 지켰다.

여동생은 자녀들이 어렸고 젖먹이 아기도 있었다. 그래서 나는 아침 6시가 될 때까지 길고 어두운 시간 동안 아버지 곁에 홀로 앉아있었다. 내 인생에서 가장 힘겹고도 소중한 시간이었다. 아버지는 더 이상 의식이 없었지만 나는 아버지와 함께 기도했고, 이야기를 들려드리고, 우리에게 아버지가 주신 사랑과 헌신에 대한 나의 감사와 사랑을 표현하고, 경전을 낭독하고, 울고 웃었다. 아버지와 함께 보낸 그날 밤 동안 우리는 성신이 함께하고 계시며 먼저 돌아가신 가족들의 지지와 사랑을 느낄 수 있었으므로 기뻤다.

나와 가족들은 독실한 가톨릭 신자인 아버지에게 성찬과 종부성사가 중요하다는 것을 알고 있었다. 아버지는 당신의 교구에서 떨어진 요양시설에 계셨으므로, 우리는 그 지역 교구에 전화를 했

기적의 손길

고 신부님이 종부성사를 해주시기로 했다. 신부님이 아버지를 위해 종부성사를 진행하는 동안 우리는 함께 기도하며 서로 의지했다. 놀랍게도 24시간 이상 의식이 없었던 아버지가 신부님과 함께 기도문을 웅얼거리셨다.

우리는 조용히 신앙과 삶과 죽음의 기적을 지켜보았다. 신부님이 의식을 마치고 아버지의 손을 잡고 마지막으로 조용한 기도를 드렸고, 손을 놓은 후 우리를 향해 말했다. "좋은 분이십니다. 괜찮으실 거예요." 그렇게 말하며 신부님은 우리에게 두 엄지를 들어 보였다. 그가 다시 고개를 돌려 아버지를 보았을 때, 아버지의 두 손은 주먹을 쥔 채 엄지를 들고 있었다. 신부님은 우리를 올려다보며 당황한 표정으로 그런 손짓을 한 것을 거듭 사과했다. 우리가 눈물을 흘리다 말고 소리 내어 웃자 신부님은 더 당황했다. 양손 엄지를 들어올리는 것은 아버지가 늘 하시던 제스처였다. 아버지는 언제나 모든 것이 괜찮으며 우리를 사랑하신다는 뜻으로 두 엄지를 치켜들곤 하셨다. 그가 정말로 괜찮다는 표시를 우리에게 보여주고 계셨다.

아버지는 그날 돌아가셨다. 사랑하는 자녀들에 둘러싸여 이생을 마치셨다. 우리는 아버지 없는 삶이 어떠할지 가늠해보려 애쓰며 함께 울고 부둥켜안았다. 동시에 우리는 아버지가 마지막으로 두 엄지를 들어서 그가 괜찮다고 알려주셨기 때문에 평안과 위안

을 느꼈다. 아버지의 마지막 선물이자 대를 이어 기억할 기적이었
다. 아버지는 우리가 그를 얼마나 사랑하고 감사하게 여기는지 아
셨고, 우리는 아버지가 우리 자녀들을 얼마나 자랑스럽게 여기고
사랑하는지 알았다. 우리 아버지, '버니시'는 알링턴 국립묘지에
안장되었다. 우리는 아버지가 남기신 사랑과 신앙과 자부심의 유
산이 그의 자녀들, 손자녀들, 그리고 그를 알았던 사람들을 통해
이어질 것임을 안다. 아버지, 당신은 최고입니다!

가족의 재회

미셸 빙엄이 자신의 증조할머니가 1965년 트윈폴스에서
임종을 기다리며 이미 돌아가신 가족들과 나눈
기적적인 대화에 관해 이야기합니다.

산 자와 죽은 자의 영혼 사이에 놓인 휘장은 얇다. 우리에게는
이미 돌아가셨고 우리와의 교류를 그리워하는 가족들이 있다. 그
들은 우리가 필멸의 삶을 마치고 본향으로 돌아갈 때 우리를 환영
하려고 기다리고 있다. 이 사실은 나의 증조할머니 벨바 프로보스
트 홀의 경험을 통해서도 알 수 있다.

벨바는 1885년 네브라스카에서 태어났다. 제이 리들 홀을 만나
서 결혼한 후, 두 사람은 아이다호 주 트윈폴스의 농장에서 살기
시작했다. 두 사람은 농장에서 일하며 단순하고 행복한 생활을 했
다. 수입을 좀 더 늘리기 위해 고조할아버지 제이는 미국 우정국
소속 우체부로도 일하며 트윈폴스 인근의 농촌 지역에 우편을 배
달했다. 어느 날 우편 배달을 하던 중 한적한 교차로에서 큰 트럭
이 그의 차를 들이받았고, 그는 즉사했다. 1954년, 그가 70세였을
때였다.

당연히 고조할머니는 남편의 갑작스러운 죽음에 비통했다. 두 사람은 매우 친밀하고 애정 어린 결혼생활을 해왔었다. 그녀는 11년을 더 살았다. 1965년 3월, 임종을 앞둔 그녀를 며느리인 베라 홀이 돌보고 있었다. 벨바는 종종 먼저 간 남편과 익사로 사망한 남동생이 옆에 있는 듯 이야기를 나누었고, 자꾸만 베라에게 그들이 모두 함께 "큰 모임"을 하고 있다고 말했다. 베라는 시어머니의 정신이 흐려져서 환각을 본다고 생각했다. 베라는 죽음이 임박한 벨바가 사후 세계에 있는 영들과 대화할 만큼 민감해진 것을 인식하지 못했다. 그저 이성을 잃었다고 생각했을 뿐이었다.

여러 해가 지난 후, 나는 증조할머니 벨바와 그녀의 가족에 관해 가족 역사를 연구하던 중에 그녀에게 얼 테니슨이라는 남동생이 있었고 그가 플로리다 주의 넵튠비치에서 사망했음을 알게 되었다. 순간 나는 임종 직전의 벨바 곁에서 베라 할머니가 했던 경험이 떠올랐다. 나는 얼 테니슨이 벨바가 임종 직전에 대화한 그 남동생인지 궁금했다. 나는 얼이 실재로 넵튠비치에서 사망했는지, 아니면 단지 사망 당시에 넵튠비치라는 도시에서 살고 있었는지 알 수가 없었다. 나는 얼이 사망했던 당시 플로리다 주 넵튠비치에서 익사나 비슷한 사건이 있었는지 알기 위해 Newspapers. com 사이트에서 오래된 신문기사들을 뒤져보았다. 얼의 죽음에 관한 기사를 찾는 일은 오래 걸리지 않았다.

그는 넵튠비치의 서쪽에 위치한 잭슨빌에서 신탁을 담당하는 은행 직원이었다. 주말에 넵튠비치에서 은행 직원들을 위한 파티가 있었고, 얼은 그 모임에 참석했다. 거기서 얼은 바다에 들어가 있었는데 그날 공교롭게도 저류가 강하게 흘렀다. 얼과 동료 여직원이 모두 물에서 허우적거렸다. 근무 중이던 인명 구조원들이 얼에게 헤엄쳐 갔는데, 그는 문제가 없어 보였고, 그래서 허우적거리는 여직원에게로 갔다. 그녀를 해변으로 끌어내는 동안 얼은 심각한 상황이었다. 구조원들이 그를 해변으로 데려왔을 때는 이미 사망한 후였다. 그들은 한동안 응급 조치를 했지만 결국 그는 사망 판정을 받았다. 1935년 사망 당시 얼은 43세였다.

얼의 때이른 죽음으로 인해 증조할머니가 얼마나 슬펐을 지는 상상만 해볼 뿐이다. 그리고 19년 후, 벨바의 남편 제이도 갑작스런 죽음을 맞이했다. 할머니가 임종을 앞두고 먼저 떠난 남편과 남동생을 영으로 보고 대화하면서 얼마나 행복했을 지 생각하면 내 마음도 정말로 기쁘다. 그것은 기적이었다!

이러한 경험은 이생이 끝이 아니라는 나의 믿음을 더 강하게 해주었다. 우리가 이생에서 이룩하고 가꾸는 가족 간의 사랑과 유대는 필멸의 삶 너머에까지 이어진다. 그리고 증조할머니의 삶에서 볼 수 있듯 돌아가신 우리의 가족들은 우리를 알고 있고 우리의 삶의 세부적인 부분과 경험에 관여하고 있다.

기적의 발견

인도 첸나이에 사는 수드하 카르기가 1990년대에
그녀의 시아버지가 뇌종양 투병을 하던 당시에 경험한,
시간과 장소에 관한 하나님의 기적을 이야기합니다.

우리는 살면서 많은 간구를 드리고, 그런 소망이 자신이 원대로
이루어지지 않으면 쉽게 하나님을 비난한다. 하지만 나는 하나님
께서 우리가 미처 구하지도 않았거나 감사할 생각도 못 하는 헤아
릴 수 없는 많은 일을 우리를 위해 하신다고 믿는다. 인도 첸나이
에서 자라는 동안 나는 아주 어린 나이부터 힌두교를 접했다.

우리 집안의 모든 사람들은 언제나 매우 종교적이었다. 우리는
모든 대규모 축제에 참여했고 가정에서 하는 푸자(예배)를 빠짐없
이 가졌고 정기적으로 사원에 갔다. 가정의 모든 기념일과 모임은
사원과 연계되어 있었다. 나는 매우 종교적이었지만 동시에 영적
으로 방황했다. 내가 앞으로 이야기하려는 사건들은 처음엔 내가
신앙을 잃고 나의 믿음을 의심하게 만들었다. 하지만 지금 뒤돌아
보면 남편과의 약혼 기간 동안과 그 전의 여러 해 동안 수많은 작

은 기적들이 있었다.

나의 시아버지는 1997년 뇌종양으로 돌아가셨다. 수십년 후에도 나는 왜 하나님이 우리에게서 그토록 중요한 분을 데려가셨는지 의문이 든다. 나는 남편 곁에 아버지가 계시지 않아서 그가 성취한 일을 보여드릴 수 없는 것이 마음 아프다. 시어머니에게 함께 늙어갈 동반자가 없는 것도 걱정이고, 시아버지가 손자 손녀들을 만날 기회가 없었던 것도 화가 난다. 시아버지가 아직 살아 계시다면 우리의 삶이 어떻게 달랐을 지 종종 생각한다. 우리에게 너무나 소중한 분을, 우리가 작별인사를 할 준비도 되기 전에 데려가버린 일로 하나님을 원망하지 않기는 어렵다.

시아버지는 뇌종양 진단을 받은 후 긴 수술을 받아야 했다. 다행히도 그는 수술을 이겨내고 정상 생활로 돌아왔다. 의사들이 놀랄 만큼 그의 회복과 일상 복귀는 순조로웠다. 그러나 그는 7년 후에 세상을 떠나셨다. 내 마음의 한 부분은 그분이 여전히 우리 곁에 계시길 바라지만, 나는 우리가 경험한 기적들에 감사하다.

첫 번째 기적은 시아버지가 처음으로 뇌종양 진단을 받기 직전에 일어났다. 당시 남편은 주 밖에 있는 대학에 다니기 위해 집을 떠나려던 참이었다. 인도에서는 주 바깥의 대학에 가는 것이 여행 가방을 싸서 공항으로 가듯 간단한 일이 아니다. 종종 학생들은 기차를 타고 긴 여행을 해야 한다. 남편은 아버지와 함께 길고 고

생스러운 여행 끝에 대학에 도착했고, 등록을 마치고 기숙사에 자리를 잡았다. 남편의 학교생활 준비가 끝나자 시아버지는 홀로 집으로 돌아오는 긴 여행을 했다. 그는 안전하게 돌아왔고 부인과 둘째 아들에게 있었던 일들을 이야기해주었다. 그런데 다음날 출근길에 버스 정류장에서 쓰러지셨고 병원으로 급히 이송되어 뇌종양 진단과 함께 응급 수술을 받으셨다.

　그런 암울한 진단을 기적이라 부르는 것은 이상하지만, 우리 모두는 시아버지가 집으로 돌아온 후에 쓰러지신 것에 정말로 감사하다. 돌아오는 기차 안에서나 대학에서 남편과 헤어진 후에 그런 일이 일어났더라면 가족이 모르게 길에서 돌아가셨을 수도 있다. 당시는 휴대폰도 없던 때였다. 남편을 대학에 데려다주기 전이나 대학에서 남편과 함께 계실 때 쓰러지셨다면 아마 남편은 대학 생활을 포기하고 아버지를 돌보기 위해 집으로 돌아왔을 것이고 가족의 생계를 위해 당장 일자리를 얻었을 것이다.

　처음 진단 결과를 듣고 가족들은 모두 가슴이 아팠고, 앞일은 전혀 예측할 수 없었다. 지금처럼 의술이 발전하지 않았던 때라 의사들은 정확한 답을 주지 못했다. 시아버지는 가족의 부양자였고, 남편은 대학에 등록한 상태이고 동생도 곧 대학에 입학할 예정이었으므로 가족들은 어떻게 대처해야 할지 알 수 없었다. 남편과 동생은 학업을 미뤄야 할지 고민했다. 그러나 가족들은 계속해서 기도했고 하나님께서 그들을 도와 주시리라 확신했다.

시어른들은 헌신적인 부모였고 가족을 위해 검소한 삶을 살았다. 두 분은 모두 열심히 일하며 아들들이 대학을 다니는 동안 그들을 지원했다. 남편과 동생은 모두 공대를 졸업하고 고향으로 돌아와서 집 가까이에 직장을 구했다. 시어머니는 아들들이 모두 대학에서 돌아와 함께 지낸 2년이 참말로 행복한 시간이었다고 나에게 종종 말씀하셨다. 매일 아침 그들은 함께 출근했고 저녁에는 집에 모여서 대화하고 웃으며 사랑을 나누고, 맛있는 저녁식사를 함께 했다. 평온하고 행복한 2년이 지나고, 시아버지의 병은 마침내 그분을 데려갔다.

나는 늘 시아버지가 몇 년만 더 사셨더라면 하고 바랐다. 하지만 나는 그분이 병중에 있는 동안에도 오직 하루만 고통스러우셨다는 사실이 감사하다. 뇌종양으로 죽음을 맞이하는 사람들은 종종 심한 고통을 느낀다. 죽기 오래 전부터도 사람을 망가뜨리는 질병이다. 그 과정은 느리고 고통스럽다. 병을 발견한 후 시아버지의 삶이 완벽하지는 않았지만, 그는 일을 할 수 있었고 독립적인 생활이 가능했다. 그리고 시어머니는 남편의 투병 기간 동안 힘과 신앙의 기둥이 되어주었다.

여러 해가 지났지만 우리 가족은 여전히 아버지의 부재가 마음 아프다. 그러나 슬픈 중에도 우리는 우리에게 주어진 여러 축복에 감사하다. 나는 시아버지의 유산을 계속해서 나아가게 하고 자녀들에게 그분에 관해 이야기해줄 수 있어서 감사하다. 우리는 모두 기적에 대해서 이런저런 기대하는 점이 있지만, 그런 기대로 인해 매일 우리가 경험하는, 실재로 일어나고 있는 수많은 기적을 알아채지 못할 수도 있다.

영의 인도

유타 주 이글마운틴에 사는 젊은 아버지 자크 허셀은
가족을 부양하려 노력하는 동안 하나님의 영을 따랐을 때
일어난 기적에 관해 이야기합니다.

이 이야기는 몇 년 전 나에게 일어난 기적에 관한 것이다. 나는
가족을 부양할 수 있는 일자리를 찾는 중이었고 하나님의 영의 속
삭임을 듣고 인도를 받기 위해 노력하고 있었다. 당시 나는 일을
하고 있었지만 뭔가 옳지 않은 기분이었고, 다른 직장을 알아봐야
한다는 느낌을 받았다. 자녀들이 태어나며 식구가 늘어났고, 식
품, 옷, 기저귀와 기타 필요한 것들이 늘어나면서 나는 더 나은 직
장을 찾고 있었다.

그러던 중 내가 교회의 활동 모임에 참여하고 있을 때, 교회의
지도자로 봉사하는 한 친구가 나를 따로 부르더니 혹시 고민거리
가 있는지 물었다. 나는 그에게 머릿속이 복잡하고 더 나은 직장
을 찾아야 할 필요를 느낀다고 말했다. 그는 나에게 축복을 해주
겠다고 했고 나는 제안을 받아들였다. 그는 두 손을 내 머리에 얹

고 축복의 기도를 하면서 경전의 특정한 부분을 읽어볼 것을 제안했다. 그 경전구절을 읽으며 내가 받은 메시지는 성급하게 움직이지 말고 기다리면 하나님께서 나를 위해 길을 마련하시리라는 것이었다.

그로부터 얼마 후 나는 아내와 함께 깊이 생각하고 하나님의 영과 소통하기 위해 우리 교회의 성전에 갔다. 다른 직장을 찾아야 한다는 느낌에 관해 골똘히 생각하는 동안 하나의 단어가 머릿속에 분명히 떠올랐다. "인내하라."

몇 주가 흐른 후 나는 어느 회사에서 사람을 구한다는 소식을 들었다. 성전에서 받은 인내하라는 느낌이 기억났지만 나는 그 느낌을 무시하고 그 회사에 전화를 걸었다. 이어서 면접을 보고 고용 제안을 받았다. 나는 새 직장을 갖게 되어 기뻤지만, 아내는 느낌이 좋지 않다고 했다. 사실 아내는 그 자리에 관해 상당히 불안한 느낌을 가졌고, 그래서 나는 회사의 제안을 거절하고 더 기다리기로 했다.

그 다음주는 "금식일"이었다. 금식주 일요일에 교회 회원들은 음식과 물을 먹지 않고 그렇게 아낀 돈을 (가능하다면 더 후하게) 도움이 필요한 자들을 위해 헌금하도록 격려 받는다. 또한 이 날은 회원들이 연단에 올라가서 예수 그리스도와 하나님 아버지를 믿는 우리의 신앙을 간증할 기회를 갖는다. 그 안식일에 나는 가족과 함께 앉아서 나의 뜻을 하나님의 뜻에 맞추고 내가 아니라 그분의 이해력에 의지하기를 소망했다.

그날 교회의 지도자 한 분은 말씀 중에 간증을 나누는 분들은 한 주 동안 하나님의 영을 더욱 강하게 느낄 것이라고 이야기했다. 나는 그가 나를 향해 말씀하고 있다는 느낌을 받았고, 그래서 일어나 앞으로 나가서 주 예수 그리스도에 관한 나의 간증을 전하고 자리로 돌아왔다. 그날 금식을 마치면서 나는 주님의 뜻이 내가 당분간 지금 직장에 머무는 것임을 깨달았다. 다른 일자리가 하나님의 시간표에 따라 나타날 것이었다. 나는 하나님 아버지께 나를 기억하시고 그분의 인도를 따르도록 도와주시는 것에 감사를 드렸다.

그 일요일이 지나가고 오래지 않아 전혀 생각지도 못한 곳에서 고용 제의가 들어왔다. 좋은 회사였고, 기존 직장보다 좋은 자리였다. 나는 아내와 의논했고, 아내도 느낌이 좋다고 했다. 나는 면접을 보고, 고용 제안을 받아들여서 새 일을 얻었다! 내 기도에 대한 응답이고 기적이었다! 나는 인내로 나를 대해주시고 내가 그분의 인도에 따르도록 도와주신 하나님께 참으로 감사하다.

나는 현재 직장에서 3년 동안 일했고, 코로나 사태로 인한 경제적 불안기에도 안정적으로 일하고 있다. 나와 가족에게 얼마나 큰 축복인지! 만일 내가 나 자신의 욕망에 따랐다면 지금쯤 일자리를 찾고 가족을 부양하기 위해 고생하는 수백만의 사람 중 하나가 되었을 지 모른다. 하나님의 자비와 친절에 감사하고, 우리가 그분께 부르짖을 때 도와주시겠다는 그분의 약속에 감사하다.

평온한 이별

테네시에 사는 앨런은 1997년 뉴저지 주 서머셋에서 암으로 투병하던
아내가 고통 없이 임종한 기적에 관해 이야기합니다.

제닛이 세상을 떠난 지 23년이 지났지만, 나는 마치 어제 일처
럼 기억한다. 우리는 26년 이상 부부로 지내며 함께 세 자녀를 키
웠다. 아내에 대한 사랑은 우리의 결혼생활 동안 해마다 더 커졌
고, 나는 아내의 미소와 따뜻한 웃음과 부드러운 목소리를 마치
내 곁에 있는 듯 선명하게 기억한다.

제닛은 50대 초반에 암이 발병했다. 여러 치료법을 시도하였으
나 병은 빠르게 전이되었고 몸의 다른 장기와 뇌에까지 번졌다. 대
부분의 암 환자들은 극심한 고통에 시달리고 약을 써야만 한다.
그러나 제닛의 경우는 조금 불편한 정도였다. 어느 날 나는 아내를
담당하는 종양 전문의가 다른 의사에게 하는 이야기를 듣게 되었
다. "이 환자의 경우는 정말로 설명이 불가능해요. 어떻게 고통을
느끼지 않으시는지. 온 몸과 뇌에까지 종양이 번졌는데 말입니다."

종양이 있든 없든, 제닛은 임종하던 밤 평온하고 정신이 또렷했

다. 우리의 세 자녀와 며느리가 그날 저녁 침대가에 함께 했다. 아내는 힘이 없었지만 말을 할 수 있었고 주변에 있는 사람들도 모두 알아보았다. 저녁이 깊어 가면서 아내는 말수가 줄었고, 목소리는 더 잦아들었으며, 마침내 말하기를 멈추었다. 호흡은 얕아졌고 그런 다음 천천히 정지했다.

내가 아내의 손을 잡고 있는 동안, 아내는 이 생에서 다음 생으로 평온하고 부드럽게 건너갔다. 나는 아내가 절절하게 그립고, 그녀가 떠나버린 아픔은 아직도 생생한 고통이다. 그러나 나는 아내의 마지막 날들과 임종이 고통스럽지 않았고 약에 의존하지 않은 것이 기적이고 축복이었음을 안다. 나는 하나님께서 아내에게 그런 평안의 축복을 주신 것에 감사하다. 나는 아내의 영이 살아 있음을 알고, 그녀의 다정한 미소를 다시 볼 날을 고대한다.

기적의 손길

조용한 기적들

조지아 주 로렌스빌에 사는 발레리가 최근 가나 아크라에서
남동생에게 일어난 기적에 관해 들려줍니다.

흥미롭게도 "기적"이란 단어를 이야기할 때 사람들은 자동적으
로 하나님이 불타는 떨기나무를 통해 모세에게 말씀하시는 장면
이나 맹렬히 타는 풀무불 가운데 던져진 사드락과 메삭과 아벳느
고를 예수님이 보호하시는 장면을 언급한다. 위기에 처한 엘리야
에게 "세미한 소리"로 하나님이 함께하셨던 "조용한" 기적에 관해
이야기하는 사람은 거의 없다. 우리가 정숙하지 못하다 생각할 수
있는 사마리아 여인의 대화를 기적의 한가지로 여기는 사람도 별
로 없을 것이다. 하지만 그것이 어찌 기적이 아니란 말인가? 예수
님과 대화한 후 이 여인은 예수가 그리스도라는 놀라운 사실을 알
았고 이를 그가 아는 모든 자들에게 가서 선포했다.

나는 하나님의 기적이 있다고 굳게 믿으며 특히 조용한 기적들
이 있음을 믿는다. 나 자신이 기적임을 사람들에게 말하는 것도
주저하지 않는다. 내가 인생을 늘 믿는 자로 살았던 것이 아니고,

한때 하나님을 전혀 신뢰하지 않았기 때문이다. 당시에 내 삶에는 나를 위해 꾸준히 기도하는 세 사람이 있었다. 바로 내 어머니와 여동생 실비아, 그리고 평생 친구인 신시아였다. 나는 1997년 그리스도를 내 마음에 받아들였고, 이 세 사람의 기도가 큰 몫을 했음을 안다.

그때 이후로 나는 그리스도가 사랑이 많은 분이고, 내가 그분의 존재를 부정할 때조차도 나를 보호하고 계셨음을 이해하게 되었다. 삶의 가장 힘겨운 시기에도 나는 예수께서 함께 하시며 나를 위로하시고 격려하시는 것을 느낀다. 이 사실은 2014년에 여동생 실비아와 어머니 그레타를 암으로 잃고 이어서 같은 해에 상냥한 나의 조카 애슐리가 29세에 뇌동맥류로 사망했을 때에도 참으로 분명했다.

그 후로 2년간 우리 가족의 대부분은 고통과 상심에 잠겨 있었다. 이 세 사람은 우리 가족을 지탱하는 기둥이었다. 내 조카 애슐리는 우리 모두가 선한 길에 머물도록 하는 등불이었다. 평소에 애슐리는 우리에게 일일이 전화를 걸어서 사랑한다는 말을 해주곤 했다. 오랜 시간이 흐른 지금도 그들의 부재는 여전히 마음 아프다. 그러나 고통 속에서도 나는 하나님께서 내 가족을 사랑하시고 위로하심을 느낄 수 있다. 그 사실은 모든 가족들에게 분명한데, 한 사람, 애슐리의 아버지인 나의 남동생 T만은 예외였다. 애

슐리는 그의 장녀였고, 두 사람은 특히 가까웠다. 큰딸의 죽음이
그에게 혼란과 분노를 가져온 것은 이해할 만했다. 애슐리는 겨우
스물 아홉이었고 세 자녀의 엄마이기도 했다.

동생에게 애슐리의 죽음은 잘못된 것이고 합리화할 수 없는 일
이었다. 그런 생각 때문에 그는 하나님으로부터 완전히 돌아섰다.
우리 중 누가 하나님이나 예수님에 대해 언급하면 그는 화를 내며
순진한 소리는 그만 하라고 말했다. 하나님이 있다면 그의 딸은
살아있어야 했다. 아무리 이야기를 하고 호소를 해도 그의 마음은
바뀌지 않았다. 가족 모임이 있으면 우리가 식사 기도를 할 때까
지 그는 집 밖으로 나가 있었다. 누군가 그에게 기도나 예수님 이
야기를 꺼내면 그는 화부터 냈다.

약 4년 전부터 T는 하나님 대신 조상들을 섬기는 종교단체에
나가기 시작했다. 나는 T보다 나이가 많기 때문에 가족 중 다른
누구에게도 없는 재량이 있다. 누나에게만은 마음을 부드럽게 쓰
는 것을 본인도 알고 있다. 그래서 내가 동생에게 너를 위해 기도
하고 있다고 말하면 나한테만은 겉으로 화를 내진 않는다. 시간이
흐르면 그리스도에게로 돌아오는 길을 찾을 거라고 말해주자 동
생은 내 말을 믿지 않았지만, 그럴 필요도 없었다. 나는 기도의 힘
을 알고 있었다.

3년 전쯤 T는 가나 아크라에 있는 어느 고아원 아이들을 위해

매년 한 번씩 그곳에 방문하는 단체에 가입했다. 처음 가나로 떠나기 전 그는 가족들에게 고아원 아이들에게 장난감이나 게임 종류가 부족하단 이야기를 했다. 그리고 식구들이 물려줄 만한 장난감과 옷가지를 챙겨준 것을 여분의 여행가방에 꽉 채워서 떠났다. 돌아온 후에는 그곳 아이들 중 몇 명의 어린 소년들이 그와 매우 친해졌다고 했다. 그는 그 아이들과 그토록 정이 든 것이 특별하게 느껴진다며, 평소의 자기답지 않다고도 했다.

이듬해 T는 또다시 선물로 가득한 가방을 끌고 아이들을 만나러 갔다. 그는 아이들이 그가 가져간 물건들보다 그와 함께 시간을 보내고 노는 것을 더 좋아해서 놀랐다고 말했다. 아이들과 노는 시간에 T에게 살짝 불편한 순간이 있었는데, 내가 볼 때는 아주 훌륭한 일이었다. 아이들 중 한 명이 예수님을 언급한 것이다. 동생은 그 소년에게 "예수님에 대해 무얼 알고 있니?"라고 물었다. 아이는 동생에게 예수님을 믿는 자신의 신앙에 관해 이야기했고, 동생은 매우 놀랐다. 머나먼 아프리카 대륙에서 예수님에 관해 듣게 되다니. T는 자신이 매우 아끼는 그 고아원을 운영하는 사람들이 기독교인들이란 사실을 알게 되었다.

T가 두 번째 방문을 마치고 돌아와서 나를 처음 만나던 날, 그는 빛이 나고 행복해 보였다. 동생에게 그런 이야기를 하자 그는 웃으면서 자기가 봉사하러 간 가나의 고아원에 있는 아이에게서

기적의 손길

그리스도에 관해 배웠다고 말했다. 나는 동생에게 물었다. "그 아이가 예수님 이야기를 해서 화가 나든?" 동생은 대답했다. "아니. 아이가 어찌나 진지하던지 그럴 수가 없던걸." T는 고아원의 그 어린 소년 덕에 지난 몇 년 간의 자기 삶을 돌아보게 되었다고 말했다. 그러면서 이제 하나님에 관한 대화를 듣는데 마음이 더 열렸다고 했다. 키가 193cm이고 깊은 상처와 분노에 찼던 내 남동생 입에서, 이어서 이런 말이 나왔다. "어머니가 암으로 그렇게 고생하시면서도 하나님을 믿은 것을 생각하면, 나도 하나님을 믿을 수 있을 거 같아."

대부분의 사람들은 이 이야기를 기적과 연관 짓지 않을 것이다. 하지만 나는 그 생각이 틀렸다고 말해주고 싶다. 동생은 지구 반바퀴를 돌아서 지극히 가난하고 부모도 없고 너무 큰 고통과 시련을 겪은 어린이들과 시간을 보낸 후에, 드디어 조금씩 마음을 열기 시작했다. 하나님께서 그가 어떻게 느끼고 생각하고 행동하든 관계없이 그를 사랑하신다는 사실을 인식한 것이다. 이것은 내가 본 조용한 기적이다. 참으로 하나님은 선한 분이시다!

익사의 위험을 피하다

올란도에 사는 의사인 셰리 유덴프론드-수즈카가 하나님의 영의 도움으로 익사 위험에서 아들을 구한 1989년의 경험을 이야기합니다.

1989년 1월의 그날은 구름이 많았다. 나는 18개월 된 아들을 데리고 플로리다로 이사한 직후였고 남편은 아직 뉴욕주 버팔로에서 레지던트 기간을 마무리하고 있었다. 아직 1월이지만 아이가 물놀이를 졸랐기 때문에 우리는 아파트 단지 안에 있는 수영장으로 갔다.

수영장에서 단둘이 물놀이를 마치고, 우리는 밖으로 나와서 물기를 닦고, 옷을 입고, 신발을 신었다. 그 다음 수건과 장난감 등을 빨간 수레에 싣고 아들과 나란히 집으로 걷기 시작했다.

그런데 어느 순간 아래를 내려다보고 아이가 없는 것을 깨달았다. 주차장 어딘가에서 뛰어놀고 있나? 아니면 수영장 울타리 안으로 혼자 되돌아갔을까?

주변을 둘러보아도 아이는 보이지 않았기에 나는 서둘러 수영장으로 갔다. 울타리 문은 닫혀 있고, 물가에도 아이는 보이지 않았다. 대체 어디에 있는 걸까?! 달려가서 집 안을 찾아볼까 했지만 그러지 말라는 느낌이 들었다.

수영장 주변으로 들어갈 이유는 전혀 없었는데도 나는 울타리 문을 열고 물가로 가서 아이를 찾아 두리번거렸다. 물 안을 들여다보는데 그 속에 아이가 있었다! 수영장 바닥에 앉아서 나를 올려다보며 미소를 짓고 있는 것이었다. 나는 옷을 입고 신을 신은 채로 물속으로 뛰어들었다. 서둘러 물 밖으로 들어올렸는데도 아이는 전혀 동요하지 않아서 나는 또 한번 놀랐다. 녀석은 이 모든 것이 재미있는 놀이라고 생각하고 있었다.

그날 오후에 내가 수영장 안을 들여다보지 않았다면 어떻게 되었을 지 종종 생각한다. 현재 아들은 2미터 장신에 결혼도 했고 플로리다에서 의사로 일하며 사람들을 치료하고 있다. 그날 오후, 수영장으로 돌아가서 물 속에 있는 아이를 찾으라는 속삭임이 없었다면 얼마나 비극적인 손실이 있었을까? 나는 하나님께서 아들을 구할 수 있도록 도와주신 것에 참으로 감사하다. 그날 오후의 일은 기적이었다!

— 9장 —

치유되다!

◡◞

다음 이야기들은 세계 곳곳에서 일어난 기적적인 치유에 관한 것입니다. 브라질의 한 젊은이 이야기와 뉴욕에 사는 퇴역한 해병이야기, 필리핀에서 애완동물의 기적적인 치유를 경험한 이야기, 그리고 마지막은 나이지리아에서 치유 받은 젊은 어머니 이야기입니다.

브라질에서 일어난 기적

다음은 2010년경 브라질 상 파울루 외곽에서
일어난 기적 이야기입니다.

브라질에서 두 명의 선교사가 작은 도시의 변두리에서 시내로
향하는 길이었다. 시내로 이어지는 기찻길을 따라 걷던 두 사람은
그들 뒤로 화물열차가 천천히 다가오는 것을 보고 기차에 올라타
기로 했다. 첫 번째 선교사가 기차로 뛰어오르며 기차의 옆에 달린
손잡이를 붙들고 몸을 끌어올렸다. 그러나 두 번째 선교사는 손잡
이를 놓치면서 선로로 떨어졌고 다리가 레일에 놓이고 말았다.

정신을 차리고 다리를 빼기도 전에 기차 바퀴가 그의 다리 위로
지나가며 무릎 위에서 다리를 절단해버렸다. 동반자에게 일어난
일을 본 첫 번째 선교사는 즉시 기차에서 뛰어내려서 그에게 달려
갔다. 바로 그 순간, 어디선가 한 남자가 나타나서 그를 도와 심
하게 다친 선교사를 옆으로 끌어냈다. 그는 손을 흔들어 지나가던
차를 세우고 두 선교사가 안에 타도록 한 다음, 절단된 다리를 챙
겨주고 차 주인에게 가까운 응급의료센터로 가달라고 부탁했다.

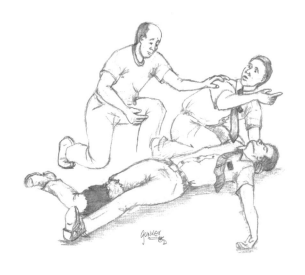

다친 선교사의 동반자가 차에 들어간 후에 그 사람에게 감사하
다는 말을 하려고 보니 그는 사라지고 없었다. 갑자기 나타났던
것처럼 갑자기 사라져버린 것이다. 그 사람은 선교사들을 도와주
어야 할 순간에 나타났다가 곧 자취를 감추었다. 그는 천사였을
까? 하나님만 아실 것이다.

응급의료센터에 도착했을 때 다친 선교사는 출혈이 너무 많아
서 혈압이 없었다. 브라질 소도시의 응급의료센터는 보통 의료진
이 부족하고 이렇게 다리가 절단된 경우처럼 큰 수술을 할 여력
이 없다. 그런데 그날 선교사들이 이곳에 도착하기 전에 또 하나
의 기적이 있었다. 큰 도시의 전문의들이 이곳의 의사와 간호사들

기적의 손길

을 훈련하러 온 것이다. 그들 중에는 숙련된 혈관외과 의사도 있었다.

수술실은 수술 준비가 완전히 갖춰져 있었고, 교육이 시작되려던 찰나에 선교사들이 도착했다. 그러자 교육을 진행하는 대신 참가자들이 거의 죽은 듯한 선교사에게 달려와 그를 데리고 다리를 챙겨서 수술실로 들어갔고 즉시 수술을 시작했다. 수술은 성공적이었고, 선교사는 생명을 구했다. 선교사들이 확실히 아는 것은 그들이 기적적인 도움을 받았다는 것이다. 하나님은 그들을 아셨고, 사랑하셨으며, 그들의 기도는 응답되었다.

할아버지의 방문

뉴욕 주 스테이튼 아일랜드 출신이며 퇴역 해병인 조셉 이라치가
1980년대에 경험한 기적적인 치유의 이야기를 나눕니다.

세인트존스 대학교 2학년에 재학중이던 당시 나는 라켓볼을 치
러 가던 길에 차에 치였다. 비장 파열과 내출혈과 갈비뼈 골절로
인해 광범위한 수술을 견뎌야 했다. 나는 구급차에 실려 급히 스테
이튼 아일랜드 대학병원으로 이송되었고 의료진들이 상태를 진단
하기 시작했다. 얼마 전에 해병대를 제대하여 몸 상태가 최고였으
므로 의사들은 파열된 비장을 제거하는 대신 고치기로 결정했다.

수술이 끝나고 나는 중환자실에 있었다. 병원에서 훌륭한 치료
를 받고 있기는 했으나 내가 입은 부상이 광범위한 것도 알고 있
었고 부모님이 얼마나 근심하고 계시는지도 눈빛으로 알 수 있었
다. 진통제가 쉬는데 도움이 되겠지만 또한 회복을 지연시키고 약
에 따라서는 대단히 중독성 있다는 것도 알았다. 고통이 심해지
던 어느 날 밤에 나는 간호사를 호출하여 진통제를 요청하려고 생
각했다. 그 순간 눈 앞에 몇 년 전에 돌아가신 할아버지가 보였다.

내 이름 조셉을 할아버지에게서 물려받았고, 자라는 동안 할아버지와 매우 가까웠다. 할아버지는 나에게 모든 것이 잘 될 거라고 말씀하셨다. 할아버지의 모습을 본 것은 마치 수호천사가 나를 지켜주는 것과 같았다. 할아버지를 보고 그분의 음성을 들은 후로 나는 진통제를 쓰지 않겠다고 결심했다.

신기하게도, 다음날 아버지가 나에게 오셔서 진통제 사용을 멈추면 어떻겠냐며 내가 그것들에 의존하지 않을 만큼 강하다고 생각한다고 하셨다. 전날 밤에 할아버지를 보았다는 이야기를 아버지에게 하지 않았지만 이후로 나는 진통제를 요구하지 않았다. 그 후로 중환자실에 약 한 달을 머물렀고, 진통제 없이 날마다 빠르게 회복했다. 결국 중환자실을 떠나 일반 병실로 갔고, 후에 집으로 퇴원할 수 있었다. 나는 신앙과 지지해주는 가족과 수호천사들이 있다면 아무리 많은 상처도 치유할 수 있음을 배웠다!

처키의 기적

다음은 필리핀 케손 시에 사는 젤린 청이
2019년에 경험한 애완견의 기적적인 회복 이야기입니다.

나는 시련과 고난 속에서 나를 인도하시고 도움을 주시는 하나님께 매일 감사를 드린다. 2019년 여름에 나는 반려견을 잃을 뻔했으나 하나님의 은혜로 우리 처키를 살릴 수 있었다. 가정부 아주머니가 아래층에 내가 쓰던 방에 쥐약을 두었던 것이 원인이었다. 어느 오후에 나는 처키를 데리고 그 방으로 들어갔는데 쥐약을 치우는 것을 깜빡 잊었다.

처키가 쥐약을 먹는 모습을 보고 나는 즉시 가까운 동물병원으로 데리고 갔는데, 그곳에서는 우리 개를 토하게 할 수가 없었다. 집으로 돌아오자 처키는 숨 쉬는 것을 힘들어했고 혀가 푸르게 변했다. 서둘러 다시 처키를 데리고 원래 다니는 동물병원으로 갔다. 여기서도 먹은 것을 게워내도록 했지만 수의사는 나에게 더 빨리 데려왔어야 했다고 말했다.

정말로 절망스러웠다. 처키를 구하기 위해 최선을 다하고 있으면서도 이 녀석의 고통이 모두 내 탓이라고 느꼈다. 수의사는 처키에게 응급처치를 하고 산소를 공급해서 숨 쉬는 것을 도왔다. 앞으로 48시간이 고비라고 했다. 살 가능성도 있지만 버티지 못할 가능성도 그만큼 컸다. 동물병원에 처키를 두고 비통한 심정으로 집에 돌아왔다. 너무나 걱정이 되고 마음이 아팠다. 나는 하나님께 처키의 목숨을 구해주시라고 기도했다. 몇 시간이나 울었다. 나는 처키를 마음 깊이 사랑했고 그녀석이 없는 삶을 상상할 수 없었다. 쥐약이 있는 방으로 처키를 데리고 들어간 나 자신을 원망했다. 나는 임신 7개월이었는데 이 문제로 먹는 것도 자는 것도 힘들어했으므로 가족들은 나를 매우 걱정했다.

나는 하나님께 처키를 살려주시라고 애원했다. 동물병원으로 처키를 보러 갈 때마다 녀석이 얼마나 약해져 있는지 보였다. 처키는 먹으려 하지 않았다. 검사 결과들도 좋지 않았다. 처키를 사랑하지만 하나님께서 그녀석에게 무엇이 가장 좋은 지 아신다고 믿었으므로, 나의 소망과 처키의 생명을 모두 하나님의 손에 맡겼다.

7일째 되던 날, 기적적으로, 하나님의 은혜와 자비로, 처키가 퇴원하게 되었다! 여전히 몸이 약하고 매일 약을 먹어야 했다. 수의사는 처키가 살 거라는 약속을 해주지 못했다. 여전히 혈소판 수치가 너무 낮고 염증도 심했기 때문이다. 그러나 천천히, 끊임없는 돌봄과 하나님의 은총으로, 처키는 회복되었다! 나는 처키를 구해주신 하나님께 참으로 감사하다. 하나님은 우리의 기도를 들으시며, 우리가 저지르는 실수에도 불구하고 여전히 곁에 계신다. 하나님은 절대 우리를 떠나지 않으신다. 우리의 외침을 들으시고, 늘 도울 준비를 하고 계신다.

나이지리아에서 경험한 치유

나이지리아 오요 출신인 청소년 드니스 이노디엔이
2010년에 어머니가 치유된 이야기를 나눕니다.

어느 저녁 늦은 시간, 나이지리아 오요에 있는 도시인 이바덴에
서 어머니는 잠을 이루지 못하고 계셨다. 유치원 교사인 어머니는
지난 3년 동안 고혈압으로 고생하셨다. 그동안 갑자기 혈압이 위
험한 상태까지 치솟아서 병원으로 이송된 적이 세 번이었다. 때로
는 몸의 일부가 감각이 없어졌다. 아버지는 3남2녀인 우리들을 부
양하기 위해 먼 곳에서 일하셨으므로 집에 계시지 않았다.

그날 밤 어머니는 고통을 참으며 집안에서 이리저리 걸으셨다.
나는 어머니에게 물었다. "엄마, 왜 그러세요? 괜찮아요?" 어머니
는 혈압이 올라서 머리가 깨질 듯 아프다고 하셨다. 어머니는 나
에게 축복을 해달라고 부탁하셨다. 아버지가 어머니에게 축복을
주시는 것을 본 적이 있고 아버지의 축복을 받아본 적도 있지만
내가 축복을 주어 본 적은 한 번도 없었다. 신권을 받기는 했으나
병자축복을 할 권능은 없었다. 하지만 우리집 가까이에 그 권능을

가진 사람은 아무도 없었다. 생각하고 기도할 시간이 필요했다.

나는 내 방으로 가서 무릎을 꿇고 주님께 간절히 기도를 드렸다. 겁이 났다. 어머니를 잃을지도 모른다는, 그날 밤에 어머니가 돌아가실지도 모른다는 생각이 들었다. 그런데 평온한 느낌이 찾아왔다. 나는 일어나서 어머니에게 갔다. 이제 어머니는 누워 계셨다. 나는 어머니의 머리 위에 두 손을 얹고, 내가 가진 신권을 언급한 다음 어머니에게 축복을 드리고 예수 그리스도의 이름으로 축복의 기도를 마쳤다. 얼마 후 어머니는 잠이 들었다.

어머니는 그날 밤 내내 주무셨고, 시간이 흐르며 점차 혈압이

　　　　　　　　　　　　　　기적의 손길

정상으로 돌아와서 약에 의존하지 않게 되셨다. 기적이었다! 나는 하나님께 참으로 감사하다! 나는 하나님께서 우리 개개인을 아시고 사랑하신다는 것을 안다. 우리는 매일 기적적인 축복을 누리고 있다.

맺음말

나는 여러분이 이 책의 이야기들을 즐겨 읽었기를 바랍니다. 이 이야기들을 통해 여러분을 사랑하시는 하나님에 대한 여러분의 신앙이 싹텄거나 신앙의 불씨가 되살아났기를 소망합니다. 하나님은 우리 한 사람 한 사람을 사랑하십니다. 어느 나라에 있든, 어떤 일을 하든, 부자이거나 가난하거나, 젊거나 늙었거나, 남자이거나 여자이거나 마찬가지입니다. 우리는 모두 하나님의 자녀이며, 우리에게는 하늘 아버지가 계시고, 그분은 우리의 기도를 들으시며, 그분 보시기에 좋은 시간에 그분의 방법으로 우리의 기도에 응답하십니다. "나는 하나님이요 또 기적의 하나님이니"라는 몰몬경의 구절은 나에게 위안이 됩니다.[7] 비슷한 말씀을 우리는 성경과 다른 성스러운 경전에서 찾을 수 있습니다.

언젠가 신앙을 가진 젊은 여성이 "기적을 기대하세요"라고 말

7　니파이후서 27:23.

하는 것을 들은 적이 있습니다. 그리고 최근에는 "나는 기적을 믿을 뿐 아니라 기적에 의존한다"는 글을 읽었습니다. 기적은 오늘날에도 일어납니다. 당신과 나에게도 기적이 일어날 수 있다는 사실은 어려운 시기에 우리에게 강력한 힘의 원천이 됩니다.

종종 우리의 기도는 다른 이들의 친절한 행동을 통해 응답을 받습니다. 때로 우리는 하나님께서 보내신 천사들의 도움을 받고, 때로는 우리를 알고 사랑하며 돕고 싶어하는 돌아가신 조상들의 도움을 받습니다. 우리의 기도가 어떤 방식으로 응답 되든, 확실한 것은 하나님께서 우리를 알고 계시고 우리의 고난을 아시며 우리가 필요로 할 때 기꺼이 돕고자 하신다는 점입니다.

19세기 신학자인 조지 Q. 캐넌은 이렇게 말했습니다. "우리 중에 하나님이 사랑을 쏟아 붇지 않은 사람은 한 명도 없습니다. 그분께서 염려하시고 쓰다듬지 않은 사람은 한 명도 없습니다. 그분께서 구원하고자 열망하지 않으시거나 구원할 방편을 마련하지 않은 사람은 한 명도 없습니다. 그분께서 담당할 천사들을 지정하지 않으신 사람은 한 명도 없습니다. 우리 자신이 스스로에게나 남들에게 보잘것 없고 비루하게 보일지라도, 변하지 않는 진리는 우리가 하나님의 자녀이며 그분이 우리를 위해 그분의 천사(힘과 권능을 지닌 보이지 않는 존재)들을 보내셔서 실재로 우리를 담당하여 돌보고 지키게 하셨다는 점입니다."

　　　　　　　　　　　　　　　　　기적의 손길

하나님이 우리를 염려하시고 우리를 돌보기 위해 천사들을 보내신다는 믿음은 여러 종교에서 공통적입니다. 예를 들면 코란에는 각 사람에게는 그 앞과 뒤에 천사들이 배치되어 있다고 나와있습니다. 이 천사들은 하나님의 명에 따라 그 사람을 지키기 위해 그곳에 있습니다. 성경에는 신약과 구약에 모두 천사들이 등장하는 수많은 사건이 나옵니다. 그 중 하나는 사도 베드로가 한밤중에 천사들의 도움으로 감옥에서 기적적으로 탈출하는 이야기입니다.[8] 몰몬경에도 천사들이 와서 남자와 여자와 어린아이들에게 성역을 베푼 기사가 실려 있습니다. 그 중에 그리스도가 미대륙에 나타나신 당시의 기록은 다음과 같습니다.

"이에 이렇게 되었나니 예수께서 그들에게 말씀하시고, 그들더러 일어나라 하시더라.

이에 그들이 땅에서 일어나매, 그들에게 이르시되, 너희의 신앙으로 인하여 너희에게 복이 있도다. 이제 보라, 나의 기쁨이 충만하도다 하시더라.

또 이 말씀을 하시고 나서 우시니, 무리가 이를 증거하니라. 또 그들의 어린아이들을 하나씩 안으시고, 그들을 축복하시며, 그들을 위하여 아버지께 기도하시더라.

---

8 사도행전 12:5~10, 흠정역 성경

그리고 이렇게 하시고 나서 다시 우시더라.

그리고는 무리에게 말씀하시며, 그들에게 이르시되, 너희의 어린 자녀들을 보라 하시더라.

이에 그들이 주목하여 보려 할 새 그 눈을 들어 하늘을 향하더니, 하늘들이 열린 것을 보고, 또 천사들이 마치 불 가운데 있는 것처럼 하여 하늘로부터 내려오는 것을 보매, 저희가 내려와 그 어린 자들을 둘러싸니, 그들이 불에 둘러싸였으며, 천사들이 그들에게 성역을 베풀더라.

이에 무리가 보고 듣고 증거하였으니, 그들이 자기의 증거가 참인 줄 아는 것은 그들 각 사람이 모두 친히 보고 들었음이라. 또 그들은 수효가 대략 이천오백 명쯤이었고, 남자, 여자, 그리고 아이들로 이루어져 있었더라."[9]

우리 삶에, 우리 가족과 친구들의 삶에, 그리고 이 세상 전반에 닥치는 위기에도 불구하고, 하나님은 우리 각자를 깊이 아끼시며 우리를 지켜보고 계십니다. 그분은 우리를 사랑하시고 도울 준비를 하고 계십니다. 그분은 우리에게 서로 돌보고 도우라고 요청하십니다. 하나님의 자녀로서, 형제 자매로서, 우리는 도움이 필요한 자들을 돕는 일에 우리의 생각과 기도와 힘과 자원을 집중할

---

9   제3니파이 17:19~25

수 있습니다. 우리는 삶의 여정을 지속하는 동안 지상에서 하나님의 팔과 다리가 되어 서로를 일으켜주고, 지지하고, 응원할 수 있습니다.

여러분은 하나님이 보내신 자가 되어 도움이 필요한 이들에게 손을 내밀어 도와주겠습니까? 여러분의 형제와 자매들이 어디에 살고 어떤 신앙을 가지고 있든 그들을 돕는 천사가 되어주겠습니까? 그들에게 사랑으로 봉사하겠습니까? 그렇게 하면 여러분 이웃의 얼굴에 미소를 가져오고, 여러분의 마음이 가벼워지며, 하늘에 계신 하나님과 그의 천사들이 기뻐할 것입니다.

여러분이 손을 뻗어 도움이 필요한 자들을 도울 때 하나님의 축복이 함께 하기를 기도합니다. 하나님의 자녀들에게 봉사하는 동안 여러분이 하나님의 사랑과 온기를 느끼시기를 바랍니다. 하나님의 평안이 지금, 그리고 영원히 여러분과 여러분의 사랑하는 이들과 함께 하기를 소망합니다.

맺음말

초대

만일 아직도 하나님이 존재하는지, 또는 그가 존재한다면 당신의 호소와 기도를 들으시는지 확신이 없다면, 하나님을 시험해보기를 제안합니다. 신앙을 행사하고 하늘에 계신 하나님께 기도해보라고 권유합니다. 혹 어색한 기분이 들더라도, 하나님께는 어색하지 않을 것임을 제가 장담합니다. 그분은 당신의 영혼의 아버지이며 당신의 말을 듣기 위해 두 팔을 열고 기다리고 계십니다. 그분과 대화하며 자신에게 가장 중요한 것들에 관해 이야기하십시오. 진실한 마음으로 찾으려 하고 포기하지 않는다면, 하나님이 계심을 느낄 것이고 자신의 삶에 기적이 찾아오는 것을 경험할 것입니다. 그분께서 "나는 하나님이요 또 기적의 하나님이니" 라고 말씀하셨기 때문입니다.[10]

---

10   니파이후서 27:23

기적의 손길

하나님의 풍성한 축복이 당신과 당신이 사랑하는 이들과 함께
하기를 기도합니다.

진실한,

데이비드 스톤

이야기를 나눠 주신 분들

다음은 이 책에 실린 이야기를 나눠 주신 분들의 이름과 출신 지역, 이야기가 일어난 도시/국가, 그리고 이야기가 실린 페이지입니다.

강에서 구조되다

페이지: 023쪽

제공자: 데이비드 스톤

출신 지역: 뉴욕 주, 뉴욕 시

이야기의 배경: 델라웨어 강(뉴욕과 펜실베니아 사이)

광견병 걸린 개

페이지: 025쪽

제공자: 데이비드 스톤

출신 지역: 뉴욕 주, 뉴욕 시

이야기의 배경: 웨스트체스터 카운티, 뉴욕 주

할아버지의 도움

페이지: 027쪽

제공자: 데이비드 스톤

출신 지역: 뉴욕 주, 뉴욕 시

이야기의 배경: 버지니아 북부 (워싱턴 D.C. 지역)

하나님의 성전 안에서

페이지: 029쪽

제공자: 데이비드 스톤

출신 지역: 뉴욕 주, 뉴욕 시

이야기의 배경: 메릴랜드 주, 켄싱턴

교실의 기적

페이지: 033쪽

제공자: 이본 알카라즈 영

출신 지역: 필리핀 파세이 시

이야기의 배경: 필리핀 마닐라

공연은 예정대로

페이지: 035쪽

제공자: 안젤라 니딕

출신 지역: 영국 런던

이야기의 배경: 중국 베이징

이야기를 나눠 주신 분들　　　　　　　　　　191

코펜하겐에서 드린 기도와 기적

페이지: 038쪽

제공자: 캐트린 펠드먼

출신 지역: 메사추세츠 주, 뉴튼

이야기의 배경: 프랑스 파리, 덴마크 코펜하겐

기도로 구한 결혼

페이지: 045쪽

제공자: 에이코 다케다

출신 지역: 일본 고베

이야기의 배경: 유타 주, 드레이퍼

하나님은 위대하시다: 수여자이신 주님

페이지: 047쪽

제공자: 아부바카르 사딕 알리유

출신 지역: 나이지리아 라고스

이야기의 배경: 나이지리아 라고스

제발 폭풍우는 그만!

페이지: 049쪽

제공자: 셰리 유덴프론드-수즈카

출신 지역: 플로리다 주, 올란도

이야기의 배경: 플로리다 주, 올란도

기적의 손길

생명의 기적

페이지: 053쪽

제공자: 히렌 샤, 지기샤 샤

출신 지역: 인도 수라트

이야기의 배경: 뉴저지 주, 이셀린

숨겨진 축복

페이지: 060쪽

제공자: 니콜

출신 지역: 아이다호

이야기의 배경: 유타 주, 솔트레이크시티

누구든지 내 이름으로 이런 어린 아이 하나를 영접하면

페이지: 064쪽

제공자: 이나예솜

출신 지역: 대한민국 서울

이야기의 배경: 대한민국 서울

하나님이 보호해 주심

페이지: 071쪽

제공자: 디알라

출신 지역: 시리아 라카

이야기의 배경: 시리아의 터키 국경 지역

안전을 향한 탈출

페이지: 074쪽

제공자: 민 헨리 판

출신 지역: 베트남 달랏

이야기의 배경: 베트남, 말레이시아, 필리핀, 미국

뉴욕 거리의 천사들

페이지: 093쪽

제공자: 마리아

출신 지역: 뉴욕 주, 뉴욕 시

이야기의 배경: 뉴욕 주, 뉴욕 시

마닐라의 기적

페이지: 095쪽

제공자: 닐다 스톤

출신 지역: 필리핀 케손 시

이야기의 배경: 필리핀 마닐라

거친 바다에서 구조되다

페이지: 098쪽

제공자: 데이비드 청

출신 지역: 중국 홍콩

이야기의 배경: 중국 및 태평양 (필리핀과 일본 사이)

폭설 속에서 구조됨

페이지: 108쪽

제공자: 윤선웅

출신지역: 대한민국 서울

이야기의 배경: 유타 주, 프로보

천사의 구조

페이지: 113쪽

제공자: 도나

출신 지역: 독일

이야기의 배경: 프랑스 파리

천사들의 보호를 받다

페이지: 116쪽

제공자: 세라이아 토프

출신 지역: 유타 주, 사우스조던

이야기의 배경: 유타 주, 사우스조던

내가 구조된 밤

페이지: 122쪽

제공자: 켄다 루이스

출신 지역: 네브라스카 주, 오마하

이야기의 배경: 뉴욕 주, 뉴욕 시

이야기를 나눠 주신 분들

천사들의 군대

페이지: 129쪽

제공자: 앨리슨 허틱

출신 지역: 유타 주, 옥든

이야기의 배경: 유타 주, 옥든 및 샌디

산 위의 천사들

페이지: 133쪽

제공자: 데이비드 스톤

출신 지역: 뉴욕 주, 뉴욕 시

이야기의 배경: 유타 주, 와사치 산맥의 리틀코튼우드 캐년

후아레스의 천사들

페이지: 138쪽

제공자: 에스더 바르가스

출신 지역: 텍사스 주, 엘파소

이야기의 배경: 멕시코 후아레스

양 손 엄지를 치켜들다

페이지: 143쪽

제공자: 케이시 스모여

출신 지역: 캘리포니아 주, 오렌지 카운티

이야기의 배경: 사우스캐롤라이나 주, 찰스턴

기적의 손길

가족의 재회

페이지: 147쪽

제공자: 미셸 빙엄

출신 지역: 유타 주, 솔트레이크시티

이야기의 배경: 아이다호 주, 트윈폴스

기적의 발견

페이지: 150쪽

제공자: 수드하 카르기

출신 지역: 인도 첸나이

이야기의 배경: 인도 첸나이

영의 인도

페이지: 155쪽

제공자: 자크 허셀

출신 지역: 오레곤 주, 애쉬랜드

이야기의 배경: 유타 주, 이글마운틴

평온한 이별

페이지: 159쪽

제공자: 알렌

출신 지역: 테네시 주 동부

이야기의 배경: 뉴저지 주, 서머셋

조용한 기적들

페이지: 161쪽

제공자: 발레리

출신 지역: 조지아 주, 로렌스빌

이야기의 배경: 가나 아크라

익사의 위험을 피하다

페이지: 166쪽

제공자: 셰리 유덴프론드-수즈카

출신 지역: 플로리다 주, 올란도

이야기의 배경: 플로리다 주, 올란도

브라질에서 일어난 기적

페이지: 171쪽

제공자: 익명

이야기의 배경: 브라질 상파울로

할아버지의 방문

페이지: 174쪽

제공자: 조셉 이라치

출신 지역: 뉴욕 주, 스테이튼 아일랜드

이야기의 배경: 뉴욕 주, 스테이튼 아일랜드

기적의 손길

처키의 기적

페이지: 176쪽

제공자: 젤린 청

출신 지역: 필리핀 케손 시

이야기의 배경: 필리핀 케손 시

나이지리아에서 경험한 치유

페이지: 179쪽

제공자: 드니스 이노디엔

출신 지역: 나이지리아 오요

이야기의 배경: 나이지리아 오요

기적의 손길

초판 1쇄 인쇄 2022년 04월 07일
초판 1쇄 발행 2022년 04월 18일
지은이 데이비드 L. 스톤
옮긴이 황문영
그림 거너 (브루스 핸슨)

펴낸이 김양수
책임편집 이정은
편집디자인 권수정

펴낸곳 도서출판 맑은샘
출판등록 제2012-000035
주소 경기도 고양시 일산서구 중앙로 1456(주엽동) 서현프라자 604호
전화 031) 906-5006
팩스 031) 906-5079
홈페이지 www.booksam.kr
블로그 http://blog.naver.com/okbook1234
이메일 okbook1234@naver.com

ISBN 979-11-5778-540-7 (03230)